城市轨道交通通信系统设备安装

高建峰　主编

中国铁道出版社有限公司

2021年·北　京

图书在版编目(CIP)数据

城市轨道交通通信系统设备安装/高建峰主编．—北京：中国铁道出版社有限公司，2019.3（2021.10 重印）
ISBN 978-7-113-25617-3

Ⅰ.①城… Ⅱ.①高… Ⅲ.①城市铁路—轨道交通—通信系统—设备安装 Ⅳ.①U239.5

中国版本图书馆 CIP 数据核字(2019)第 044373 号

书　　名：城市轨道交通通信系统设备安装
作　　者：高建峰

策　　划：张卫晓　　　**编辑部电话：**(010) 51873017
责任编辑：冯海燕
封面设计：郑春鹏
责任校对：苗　丹
责任印制：樊启鹏

出版发行：中国铁道出版社有限公司(100054，北京市西城区右安门西街 8 号)
网　　址：http://www.tdpress.com
印　　刷：北京建宏印刷有限公司
版　　次：2019 年 3 月第 1 版　2021 年 10 月第 2 次印刷
开　　本：787 mm×960 mm　1/16　印张：11.5　字数：206 千
书　　号：ISBN 978-7-113-25617-3
定　　价：60.00 元

编 委 会

主　　编： 高建峰

副 主 编： 田　俊　杨广旗　郭新伟　雷剑波　张莹钢

参编人员： 徐均恩　贾清博　梁　山　王　博　李　盈　刘国彦

前　言

本书是在《城市轨道交通通信工程质量验收规范》(GB 50382—2016)、《城市轨道交通技术规范》(GB 50490—2009)等标准规范的基础上，结合近年来城市轨道交通工程通信系统设备安装的特点编写而成。

本书凝结了中铁一局集团电务工程有限公司近年来承建的西安地铁、广州地铁、北京地铁、成都地铁、深圳地铁等数十项城市轨道交通工程变电所设备安装施工经验，重点阐述了城市轨道交通通信系统设备安装的施工工艺、方法、安全措施、环境要求和质量控制等环节的具体做法。书中引用了城市轨道交通通信系统设备安装所涉及的一些新技术、新材料、新工艺、新方法，突出了城市轨道交通通信系统安装的技术特点。

本书共12章，内容基本涵盖了城市轨道交通通信系统设备安装所涉及的子单位工程、分部工程。

本书编写过程中得到了西安市轨道交通有限公司、成都市轨道交通有限公司、中铁第一勘测设计研究院有限公司有关专家的大力支持，在此表示衷心感谢。

城市轨道交通是新技术层出不穷、快速发展的行业，由于时间仓促，作者水平有限，书中难免有欠妥之处，敬请广大读者提出宝贵意见和建议。

编　者

2019年3月

目　　录

第 1 章　地铁安防系统设备安装工艺

1.1　系统概况

本地铁安防系统是为了保证西安地铁车辆段、停车场安全生产，受保护区域免遭外侵破坏而设立的人防、技防相结合的安全保卫系统。包含视频监控系统、周界防范管理系统和电子巡更系统。

视频监控系统主要承担着围墙周界、场内道路、各单体建筑出入口、办公区走廊及库内及咽喉区生产区域的 24 小时监控，以保证正常的生产生活安全，进行生产监视和对事故分析提供依据。随着视频监控系统的发展，西安地铁安防监控采用数字技术，前端采用高清数字式摄像机。

周界防范管理系统对于周界围墙进行全天候布控，对于人为非法闯入进行实时声光报警，以保证管理人员能够对突发事件进行及时响应。

电子巡更系统是帮助各企业的领导或管理人员利用本系统来完成对巡更人员和巡更工作记录进行有效地监督和管理，同时系统还可以对一定时期的线路巡更工作情况做详细记录，提高管理效率。

1.2　安防系统的特点

1. 系统的可靠性和稳定性

作为维护人身财产安全的系统，本身应该具有高可靠性和稳定运行的特性，包括利用系统部件的冗余、产品本身的高可靠性、具有 7×24 小时持续运行的能力、低故障率的特性，以及对恶劣环境的高适应性，来提高系统的可靠性和稳定性。

2. 产品部件的易维护性和可检测性

系统及硬件产品均应模块化设计，方便维修、替换。具有自诊断和检测功能，故障、告警应有指示，可以进行故障隔离和在线维修，以减少停机和修复时间。具有集中维护管理功能。

3. 系统的可扩展性

安防系统应是可扩展的，能适应未来系统扩展和调整的需要。应预留将来扩充不同厂商生产的网络终端设备的功能，以使其方便接入。应提供开放式的标准接口。

4. 实时性和全面性

监控和告警提示是安防系统的基本功能,无论是视频监控还是告警提示,均有实时性的要求。监控和防范区域需要全覆盖。

1.3　系统构成

(1)地铁安防系统的三个功能性子系统:视频监控系统,红外告警系统,电子巡更系统,如图 1-1～图 1-3 所示。

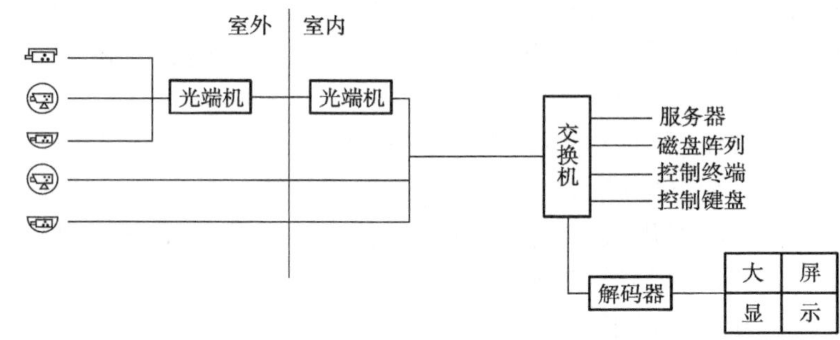

图 1-1　视频监控系统

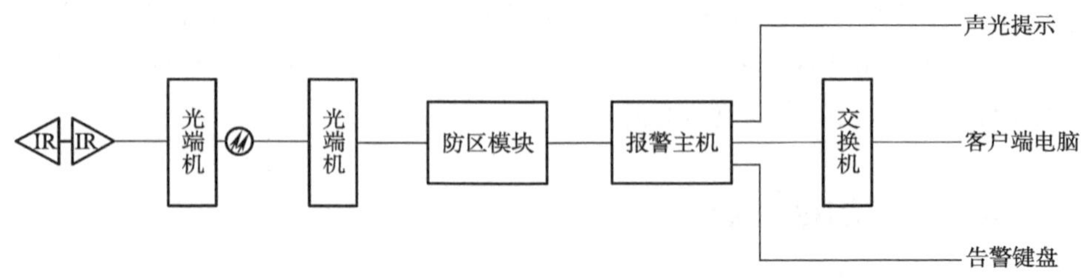

图 1-2　红外告警系统

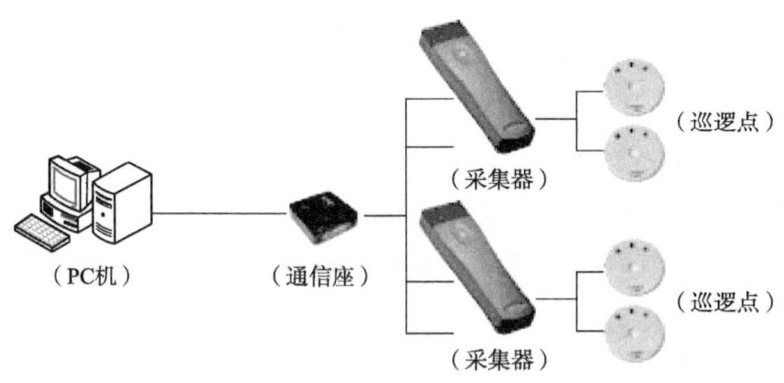

图 1-3　电子巡更系统

(2)其他。

UPS电源:为安防系统设备供电。

网管:系统设备的管理、监控功能。

联动:子系统之间联动功能,需要相应的软硬件支持。

存储:作为视频监控的一部分,但相对独立运行。

1.4　视频监控系统设备安装和操作要点

1.4.1　平台设备

1. 交换机

交换机是视频监控系统组网的核心设备,在整个安防系统中起到为前端和平台之间搭建数据网络的作用。视频传输设备采用核心层、汇聚层及接入层的三层网络结构。核心层是网络的高速交换主干,在安防设备室设置1套华为Quidway® S7706核心交换机(图1-4);汇聚层是网络接入层和核心层的"中介",是前端设备接入核心层前先做汇聚,以减轻核心层设备的负荷,在信号楼、公寓楼、检修库等楼宇设备室各设置1台华为S5720-56PC-EI汇聚交换机(图1-5);接入层直接将前端设备接入网络中,在设置综合楼、运用库、检修库各楼层及各网络配线间及各电视墙处设置华为S3700-28TP-EI接入交换机(图1-6)。

图1-4　核心交换机
(华为Quidway® S7706)

图1-5　汇聚交换机
(Quidway® S5720-56PC-EI)

图1-6　接入交换机(华为S3700-28TP-EI)

安装要点：

(1)交换机的选型上要注意参数需求要满足(如背板带宽、包转发率、需要支持的特殊功能)。

(2)交换机要求的端口类型要配置齐全，端口数量配置、业务板配置、电源模块冗余配置、光口板电口板的配置数量和类型都要满足要求。

(3)交换机的安装位置(根据设备类型定义，看有哪些连接的设备，与服务器、存储的距离，接入线缆的数量决定交换机的安装位置；接入层交换机主要接摄像机网络线，宜安装在机柜下部)；安装方式的选择：根据交换机大小和承重(尽量使用托盘)；交换机在机柜中的前后距离也需要调整，可通过交换机自带挂耳调整。

(4)防静电手腕带、地线、理线架等附属设备要及时安装齐全。

(5)有双电源配置的交换机要分别供电，不能在一个插排上取电。

(6)交换机的业务配置，根据系统需要尽可能最大程度发挥设备本身的能力(VLAN、聚合、均衡、端口带宽分配)。

(7)交换机的远程管理方式(WEB网管的配置、管理IP的设置)。

(8)光模块配置：单独配置了光口板和光模块的，要及时安装，并注意封好光口以防灰尘污染。

(9)个别小型交换机(如S3700)不同网络端口有不同带宽，根据数据传输的方向选择不同接口。

(10)资料、串口线应及时收集，在调试和移交中需要用到。

2. 服务器

(1)核心服务器

整个系统的数据处理和控制中心，完成系统内所有用户访问的权限认证、控制信令处理功能；负责系统数据库的连接、数据的备份和还原、报警日志管理；负责系统的认证许可，可导入授权文件或更新授权文件。核心服务器采用DELL PowerEdge R730。

(2)流媒体服务器

将从前端采集到的视频转发给录像管理服务器、软件客户端及网络客户端。服务器配置应以实际应用中的存取带宽为参考，考虑50%～70%冗余度，并参考网络接口带宽，配置相应的接口模块。

流媒体服务器采用DELL PowerEdge R930，如图1-7所示。

图1-7　流媒体服务器

(3)安装要点

1)服务器配置要完全响应需求书,要注意处理器、内存、网卡等关键参数。系统软件也有相应要求,应在设备订货时核对明确。

2)服务器尽量采用滑道安装(避免托盘安装),注意安装间距(最少 1 U),保证散热性良好。相应的机柜选择也应考虑服务器的尺寸和散热需求。

3)服务器与交换机、存储之间的连接尽量采用成品千兆网线,保证数据传输的稳定性和速率要求。

4)服务器网卡需要做端口聚合、负载均衡的时候,网卡选择要支持此类功能。

5)注意将设备随机附带的资料、说明书、许可证、系统盘、驱动盘收集好。

3. 存储设备

本项目需求要求采用 IP-SAN 存储方式。

SAN 即存储区域网络,以数据存储为中心的专用存储网络,网络结构可伸缩,可实现存储设备和应用服务器之间数据块级的 I/O 数据访问。按照所使用的协议和介质,SAN 分为 FC-SAN、IP-SAN、IB-SAN。

IP-SAN/NAS 在 SAN 结构下使用的 iSCSI 协议,作为在 IP 网络上访问数据块级(Block-level)的新的 Internet SCSI 标准。是可在 TCP/IP 网络发送、接收 Block(数据块)级数据的存储网络。

各种存储系统的比较见表 1-1。

表 1-1　各种存储系统对比

类型项目	DAS	NAS	FC-SAN	IP-SAN
性能	高	低	高	高
可扩充性	低	低	高	高
周边设备	SCSI 卡	以太网卡、以太网交换机	光纤通道卡、光纤通道交换机	以太网卡、以太网交换机
共享能力	低	高	高	高
价格	低	低	高	低
市场定位	中	低	高	中高

存储设备采用华为 OceanStor 2600 V3,如图 1-8 所示。

安装要点:

(1)存储设备都有端口冗余,冗余端口尽量热备连接。

(2)控制器的业务端口、管理端口需要分别规划 IP 地址。

(3)业务端口要支持端口聚合、均衡,并要提前规划好具体方案。

(4)冗余电源应分路供电。

图 1-8　存储设备

(5)网络管理配置软件由设备内置,在客户端即可登录,需要详细验证管理配置功能。

(6)设备说明书、产品资料、光盘收集。

(7)容量计算需要考虑硬盘格式化损失、做 raid 组损失、热备盘容量。

(8)需要提前设计好存储与服务器之间的逻辑连接关系,即多服务器共用方式还是平分磁盘的方式。不同的应用方式有不同的配置方法。多服务器共用具有稳定性高,存储逻辑智能化的特点,但成本较高;平分磁盘的方式成本低,易配置,但后期存储需求变化时,需要重新配置。

4. 操作终端

安装视频监视系统客户端软件,实时图像点播、历史视频的查找、下载、点播。

安装要点:

(1)各终端在系统中有不同的作用,根据功能分配对应不同的账户权限,需要提前规划设计好。

(2)不同功能的客户端安装的软件或软件模块不同,安装时要注意选择。

(3)对于有特殊要求的系统需求,或需要进行带宽优化时,要考虑双网卡配置。

(4)数字高清系统中,注意采用配有高清接口的客户端。

5. 解码器和大屏幕

高清解码器和电视墙安装如图 1-9、图 1-10 所示。

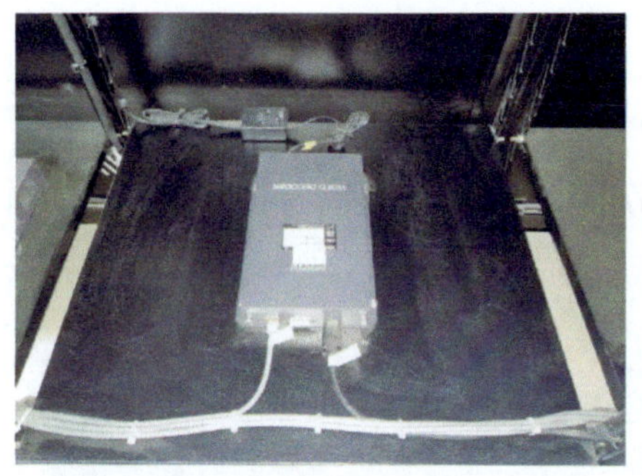

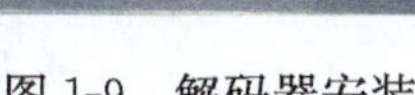

图 1-9　解码器安装

图 1-10　电视墙安装

安装要点：

(1)采用独立式解码器，可直接固定于电视墙机柜内安装，接入电视墙 S3700 交换机。

(2)数字解码器配有高清接口，应使用高清线，高清接口应与监视器对应。高清线长度应根据安装位置确定，不宜过长，应选用抗电磁干扰的优质高清线。

(3)大屏幕需要安装在电视墙里面，电视墙的预留孔应提前与大屏幕尺寸核对准确，包括预留屏幕的大小和遥控窗口的位置。

(4)选择大屏幕时应注意宽屏比例，应与采用的高清视频制式比例相同。屏幕参数应根据安装后环境调整到最佳效果。

(5)安装独立式解码器应选择托盘上安装，选好合适的位置，打孔用螺栓固定，避免使用扎带固定。

(6)解码器、大屏幕的说明书、遥控器等产品资料应收集齐全。

(7)解码器出厂时为统一的 IP 地址，应按照提前规划好的 IP 地址逐个设置。

6. 视频控制键盘

视频控制键盘如图 1-11 所示。

安装要点：

(1)视频控制键盘按照距离主服务器的远近(尽量连接在主服务器上)。有两种协议选择：RS232 接法与 RJ45 接法。应测试两种接法下的对快球控制的反应速度。优先采用 RJ45 接法，接入就近交换机。

图 1-11　英飞拓 V2117X 控制键盘

(2)使用键盘主要是为了调用视频，视频的调用代码在视频管理软件中设置，设置原则是顺序有规律，容易记忆。

1.4.2 外围设备

1. 光端机安装

光端机负责将前端视频和开关量信号传送至室内，如图 1-12 所示。光端机在机柜中和室外机箱中的安装如图 1-13、图 1-14 所示。

(a) 插卡式（8路独立以太网+4路拨码可选数据）

(b) 独立式（4路独立以太网+4路拨码可选数据）

(c) N3952开关量光端机

图 1-12 光端机

安装要点：

(1)设备选型按照数据类型和带宽需求选定。端口数量按照实际安装位置的接入摄像机及红外路数确定。

(2)室内外成对光端机需型号一致，安装方式可选独立式或插卡式。

(3)室内插卡式光端机选用 18 槽大机箱统一安装，安装时按机箱顺序依次安装，便于配线和查找。

图 1-13 光端机在机柜中的安装

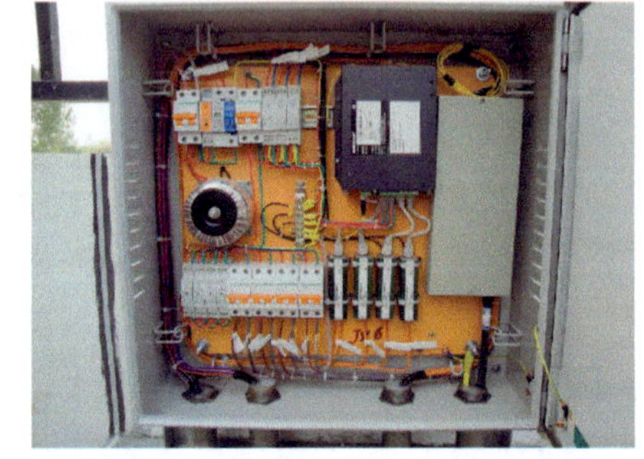

图 1-14 光端机在室外机箱中的安装

(4)室内光端机以 18 槽机箱为单位应配置网管卡，每机箱配置一块网管卡。并配光端机网管软件。

(5)光端机网管卡需配置 IP 地址,每个网管卡配置唯一的 IP 地址,所有网管卡网口使用网线串联后,最终接入核心交换机。

(6)室外侧光端机应计算每个机箱具体配置,按照具体配置配相应的小机箱,安装在室外机箱内。

(7)室外光端机安装位置应规划在靠上位置,使配线端子集中的一面朝下,并在下部留足够空间,便于检修或更换时取出光端机。如图 1-15 所示。

图 1-15　室外机箱中光端机的配线

(8)室外光端机小机箱使用 AC24 V 供电,室内 18 槽大机箱采用 AC220 V 供电。

(9)高清系统选用独立通道以太网光端机,室内外光端机端口为一一对应关系,室外接入多少路,室内光端机在对应端口应配网线至交换机。

(10)本系列光端机为单纤连接,光缆成端 2 芯或 3 芯即可。

(11)开关量光端机与视频光端机通过数据接口连接,应提前与厂家确定接口协议及接线方式,提前接好再进行安装。

2. 摄像机安装

在场内周界、重要场地、咽喉区等位置设置固定摄像机(图 1-16);半球摄像机(图 1-17)使用在狭小空间、走廊、门厅、房间内等室内环境下;快球摄像机(图 1-18)在室外环境或场内道路、岔路口、大门等位置使用。

摄像机镜头与枪式摄像机搭配使用。Infinova V1182-0550 百万像素手动变焦镜头,具有感红外功能(图 1-19)。

激光红外灯(图 1-20)安装在室外需要夜间照明的枪机护罩上,提供夜间红外线照明。照明距离 80～120 m。

室外固定摄像机应选用密闭型防护罩,防护罩内同时具有自动排风功能,防护等级达到 IP66。室外型摄像机防护罩及防护支架如图 1-21 所示。

图 1-16 高清实时枪式网络摄像机

图 1-17 半球摄像机

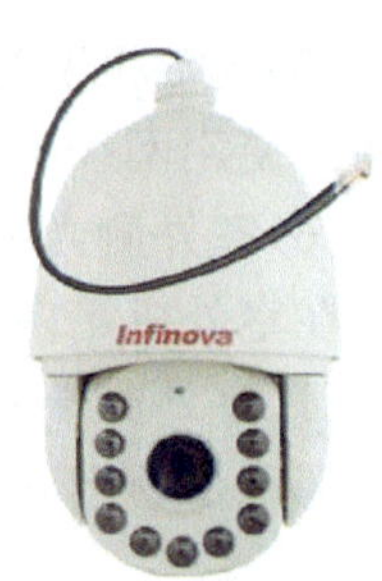

图 1-18 快球摄像机

图 1-19 摄像机镜头

图 1-20 激光红外灯

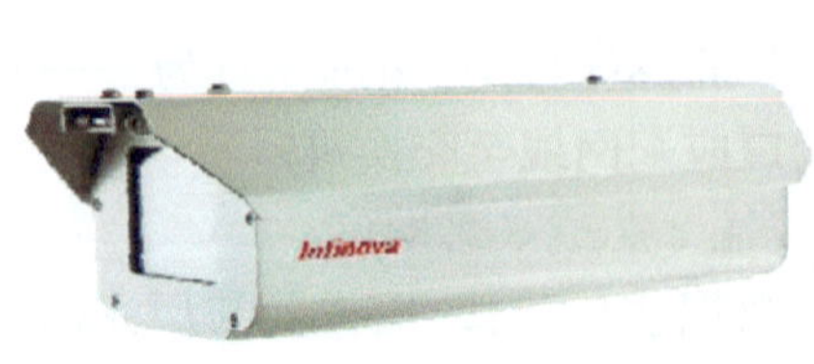

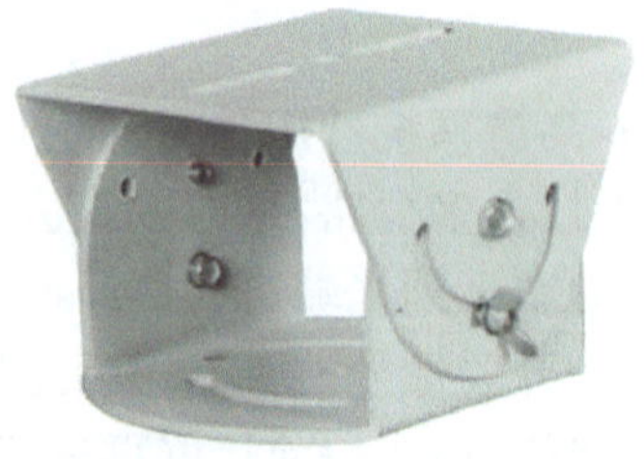

图 1-21 摄像机防护罩及防护支架

快球使用加工摄像机杆和快球壁装支架结合的方式安装(图 1-22)。摄像机安装实物如图 1-23 所示。

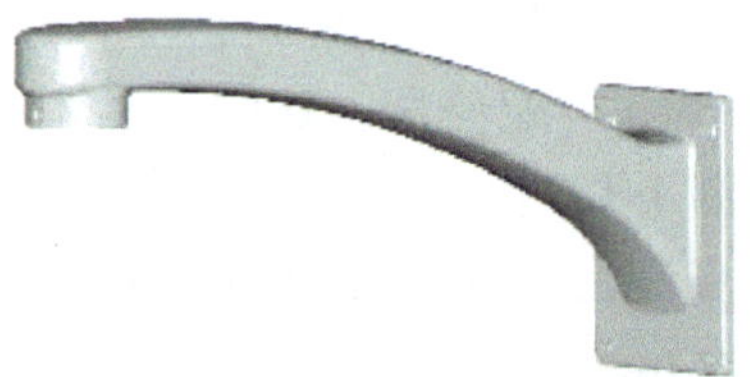

图 1-22 墙装长臂支架

(a)围墙侧枪式摄像机

(b)岔区枪机(摄像机杆低于岔区内标识杆)

(c)道路旁的快球(独立杆上安装)

(d)楼宇房檐下快球(吊挂式安装)

图 1-23　摄像机安装实物

安装要点：

(1)枪式摄像机有三种安装方式：杆上安装、壁装、吊架安装。杆上安装和吊架安装配置专用鸭嘴即可，壁装需配专用壁装支架。

(2)枪式摄像机有两种安装环境：室内和室外。室外配置红外灯，红外灯供电为 DC12 V，摄像机供电为 AC24 V，有红外灯的摄像机护罩内应配置 AC24 V 转 DC12 V 变压器。

(3)快球在杆上或墙壁上安装时都使用专用壁装支架。

(4)网络摄像机都需要配置 IP 地址，按照 IP 规划为每个摄像机设置 IP 地址。每个摄像机都有 IE 管理界面，通过计算机登录可设置字符、码率、时间同步、IP 等参数。

(5)摄像机护罩与鸭嘴、鸭嘴与底座的连接都应牢固，使用螺栓固定时应加弹簧垫片，调整好方向后紧固，防止风吹晃动。摄像机在护罩内也应固定牢靠，摄像机镜头与护罩前面板应垂直，倾斜影响画面质量。

(6)镜头焦距选用应与摄像机覆盖范围对应，监视距离短时应选配短焦距镜头。

(7)摄像机线缆配管以 2 根为宜，数据线与电源线各一条，使用黑色软波纹管，不宜过长，弯曲弧度应保证雨水不会顺管流入设备或杆内。线缆需全防护，不能外露。

(8)护罩鸭嘴与杆上底板经调整后用两个螺栓固定，防止风吹动。

(9)摄像机接线应可靠，电源线避免露铜现象，应使用冷压端子。

(10)运用库内壁挂安防摄像机在库内两端壁挂安装，安装位置正对人行通道。在消防通道上方安装金属线槽，然后用金属软管连接进入摄像机。消防通道处摄像机安装在消防通道上方，呈对射状朝两个方向照射。

用角钢加工门型吊挂件，采用与钢结构网架结合的方式固定。吊挂摄像机安装如图 1-24 所示。

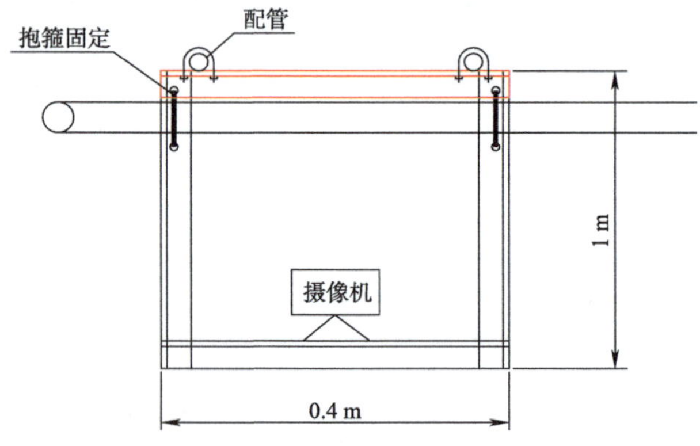

图 1-24　运用库吊挂摄像机安装

3. 光电缆布设

(1)主干光缆

主干光缆为设备室至室内外光缆箱及设备室间互联光缆。室外机箱通过室外光缆箱跳接至对应设备室。

(2)主干电缆

主干电缆为设备室—室外主电箱供电电缆。设备室侧集中成端在安防配电箱,如图 1-25 所示,室外机箱侧接至机箱主空开。室内室外侧均配置防雷器。

(3)摄像机数据和电源线

室外枪式和快球摄像机均为 2 条线,1 条电源和 1 条网线。网线接至防雷器 IN 端,OUT 端接至光端机。电源线接至机箱内 AC24 V 配电空开。

4. 室外机箱的安装

(1)室外机箱内安装:光缆终端盒、配电空开、主电源防雷器、AC24 V 防雷器、红外信号防雷器、网络防雷器、AC24 V 变压器、光端机。

(2)室外机箱大小应根据各类设备数量确定。室外机箱应达到 IP65 防水要求。

(3)室外机箱安装位置以接入摄像机位置而定,尽量靠近安防人井。安装方式为壁装在围墙上,需加工背架。安装高度参考围墙高度,以高出围墙面 20 cm 为宜。机箱底部出线使用 4～5 根钢管配管,钢管应垂直地面,管口伸入机箱内以不超过 1 cm 为宜,套丝锁扣固定。钢管至人井内应用塑料管或硅芯管埋设。机箱底部制作砖砌平台,水泥抹面基础。如图 1-26 所示。

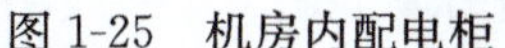
图 1-25　机房内配电柜

图 1-26　围墙结合安装的室外光电箱(底部砌墩包封)

(4)不与围墙结合的机箱,需用砖砌基础,在基础上安装机箱(图 1-27)。

5. 摄像机杆件的安装

按安装方式分为独立式和围墙结合式；按终端类型分为枪机式和球机式。如图 1-28 所示。

图1-27　室外机箱在独立基础上的安装

图 1-28　各类型摄像机杆件

安装要点：

(1)杆件整体高度以摄像机的安装高度要求以及业主需求中杆体材质为基本参数设计。需注意摄像机安装底座支杆的高度不宜太靠杆顶，需满足避雷针防雷范围。本系统最终确定摄像机支杆位置为距杆顶向下 35 cm。围墙杆高度为 4 m，独立杆为 5 m，特殊地点可另加工。

(2)与围墙固定的两条钢板长度需根据围墙间距确定，固定孔距围墙边沿 10 cm 即可。

(3)需注意摄像机支杆与钢板的相对位置，为反面垂直方向。

(4)安装时应注意摄像机杆与围墙立柱对正，拐弯和围墙末端同样应尽量对正，必要时需特殊加工固定钢板，如图 10-29 所示。

图 1-29　特殊地点摄像机杆件的固定

(5)杆件安装完后应调直,不能以围墙为参考。

(6)独立杆安装调正后,底座应水泥包封。

(7)杆件安装前应先调正避雷针。

1.5 红外告警系统设备安装

1.5.1 平台设备

平台设备基本组成和连接方式如图 1-30 所示。

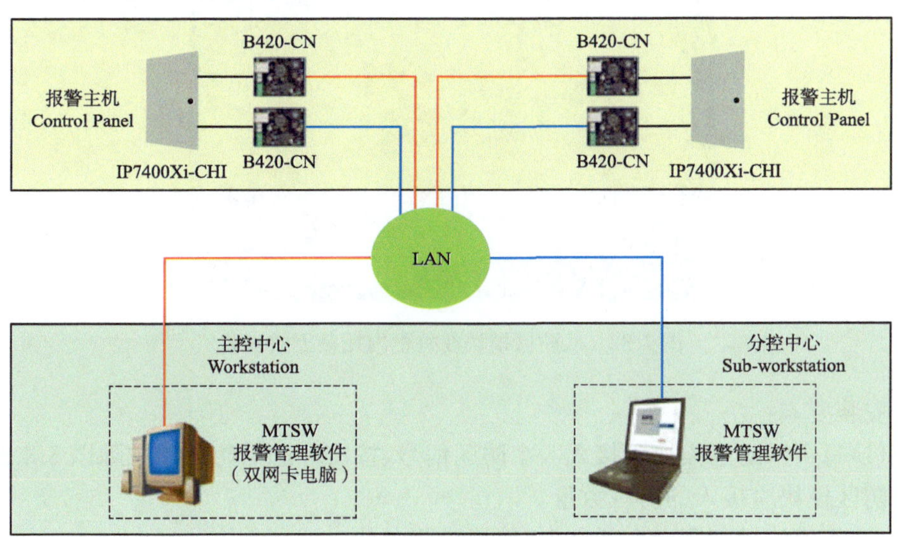

图 1-30　平台设备基本组成和连接方式

1. 报警主机

报警主机在设备机柜中的安装如图 1-31 所示。

图 1-31　报警主机在设备机柜中的安装

安装要点:

(1)报警主机全部是零散件,需要组装固定,小板卡和电阻、螺栓、塑料件为安装必需,应妥善保管。

(2)报警主机机箱固定在机柜托盘上,安装时应注意上方空间,保证机箱盖子能打开,左右空间也应均匀,左右需要出线,出线尽量从左右出线,前后出线影响美观。

(3)小板卡很难在机箱内找到合适的对应安装孔位,可以比划合适的位置,打孔用螺栓固定。

(4)主机需配置 12 V、7 A 蓄电池一个,需自行购买。

2. 防区模块

八防区模块在机柜内托盘上的安装如图 1-32 所示。

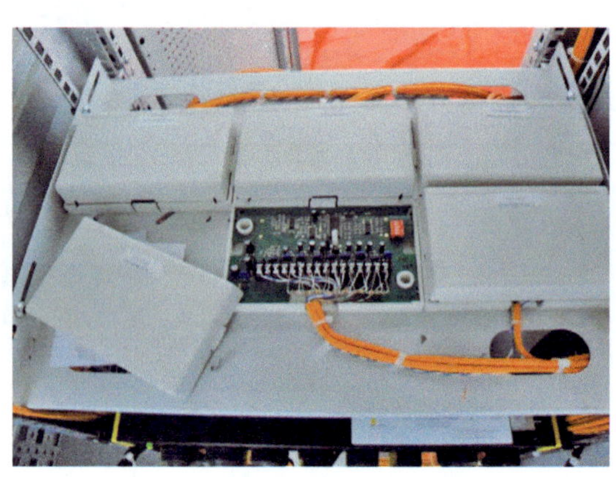

图 1-32　八防区模块在机柜内托盘上的安装

安装要点:

(1)每个八防区模块可接入 8 个防区信号,按实际总的防区路数除以 8 来配置每个防区模块应接入的防区数量。

(2)将模块排列固定在托盘上,使接线侧向外。

(3)防区模块较小较轻,应可靠固定,最好使用机柜托盘,在比划好的位置打孔,用螺栓固定防区模块。

(4)信号线接入应按照固定顺序,便于查找和维护。

(5)信号线一般较细,为保证接线可靠,应使用开口线鼻子或扁平线鼻子接线。

1.5.2　前端设备

1. 红外探头的安装

红外探头为红外告警系统的信号源,为系统提供触发信号。采用与摄像机杆结合安装的方式安装(图 1-33)。

安装要点:

(1)探头应选择误报率低、灵敏度高的产品,并满足室外环境要求。

(2)市面上红外探头安装方式均为探头背面两个抱箍,应加工 T 形支杆与摄

图 1-33　红外探头与摄像机杆的结合安装

像机杆结合安装。

(3)固定支杆使用的螺杆螺帽应使用防锈的热镀锌产品。

(4)支杆与摄像机结合处打孔出线,线缆外露部分应使用防水软管严密防护,线缆弯曲方向应呈滴水弯形状,防止雨水流入探头内。

(5)探头安装高度应测量,按照探头底部垂直距离围墙顶部 20 cm 的距离,定位探头的安装高度。

(6)探头的朝向应在围墙正上方,沿顺围墙方向照射。

1.6　视频与红外系统的联动

联动的功能描述:在前端告警触发时,报警系统发出声光提示,客户端提示告警信息,指示告警地点;同时视频系统联动相关视频画面弹出显示在大屏幕,在视频软件界面弹出画面并指示报警地点。

实现此项功能需要两个系统共同完成:红外系统提供触发信号,并发出声光提示;视频系统接收触发信号,并完成对应的视频窗口在指定位置显示。

要实现联动功能需要配置相应的接口单元和配线模块,如图 1-34、图 1-35 所示。

安装要点:

(1)信号线缆应采用可靠地配线方式,可采用端子排或 110 配线架配线。本项目中由于信号配线较多,故采用 110 配线架,线缆排序整齐,便于管理;需注意模块不能接地。

(2)信号线缆是日常维护和故障排查的节点,需考虑维护和故障排查的便捷性。

(3)每一路线缆应有标识、台账。按照固定顺序配线,便于维护使用。

图 1-34 联动接口单元的安装配线

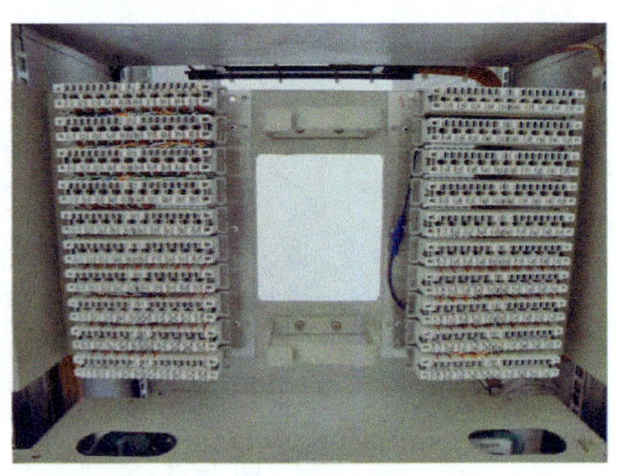

图 1-35 联动信号线的配线

1.7 存在的其他问题和建议

1.7.1 安防系统的产品

本项目集成方案基本采用英飞拓的视频监控方案及霍尼韦尔的红外告警方案，此系统虽然整体性能良好，但施工调试过程中也存在接口、协议和稳定性不高的现象。

在以后项目的实施中，应参考当地业主的使用习惯和地区特点，不同厂商的系统具有不同的方案特点和优缺点。最好采用同一厂商的产品，以解决系统兼容性和可扩展性方面的问题。对于系统集成方案，避免完全套用类似项目方案，应提出有针对性的需求，提出符合具体项目要求的方案，优化施工工序和组网方式，综合考虑施工、维护的成本和便利性。系统调试要求厂家提供良好的技术支持。

1.7.2 安防系统的施工工艺

安防系统施工工艺要侧重考虑安全性和稳定性，施工中要提高系统稳定性，真正发挥安防系统的智能告警的性能，必须严把工艺，尤其是终端设备的安装。产品选择上也应以安全、稳定为主。

对于摄像机，杆体和摄像机底座如果安装不牢固，在大风或轻微振动条件下容易产生晃动和位置偏离，这样会严重影响正常的画面监控。摄像机的监控范围也应该反复测试调整，如果监控范围过小，可能产生盲区，起不到防范的作用；监控范围过大则可能影响画面质量，不能清晰识别侵入物。因此，在实际调试过程中要反复调试和安装到位。

对于红外对射探头，同样受晃动和光照的影响较大，在存在高落差的地段还要注意落差的逐级缓慢调整，落差过大不仅容易产生盲区，还影响告警性能，产生不告警或误告警。

第2章 室内设备安装施工工艺

2.1 工程前期准备

2.1.1 概 述

本工艺工法主要包括西安地铁通信系统室内设备安装工艺工法，如专用、公安、综合监控系统的设备安装。通信各系统一般各为一个机房，独立成网。通信系统中子系统众多，安装配线工作量大，同时设备安装也是施工的核心作业，因此把好设备安装质量关是工作的重点。

设备正常运行同安装工程的质量有密切关系。只有安装工程系统化、规范化，才能有效地避免因安装原因而造成的设备不稳定因素，提高设备运行的可靠性及工作效率。

2.1.2 安装流程

施工准备→设备底座安装→地板下线槽安装→设备搬运→设备组立→光电缆成端→设备配线。

2.1.3 设备机房的交房条件

装修单位已完成设备机房墙面处理，最后一道涂料可暂不实施，标注出防静电地板标高线。地面水泥找平、压光，完成绝缘漆喷涂后，标注出防静电地板网格线，防静电地板不急于铺设。待设备配线完成后，再铺设防静电地板，以便于地板的成品保护。吊顶上方完成龙骨等产生粉尘、电焊作业的施工。

2.1.4 施工准备

1. 熟悉图纸

在开工前，要核对施工设计图纸和相关文件，明确工程范围，熟悉相关技术规范和施工工艺，对作业人员进行技术培训，并由项目部总工程师组织项目工程技术人员对施工图纸会审，参加设计单位设计交底和答疑。

协调各系统集成商确认各系统设备机柜尺寸，确定设备底座加工尺寸。

2. 现场勘察

工程施工前，由项目部组织主要工程施工技术人员对设备机房进行现场勘察，了解机房现有设备布置、机房改造扩容情况，对照设计图纸核实机房现有空间是否满足设备安装要求，根据现场情况确立施工过程中的重点和难点，合理安排施工计划和各工序之间的衔接方式。

(1)对照设计图纸核对预留孔洞并试通；统计各站轨行区上下行引上钢管型号、数量、通断情况，钢管过长时要与地面切平。

(2)协调各安装装修标段设备机房内低压配线管不能埋设在设备机柜下、底座下。

(3)测量各机房的实际长宽尺寸，与设计图进行比较，绘制施工用的设备平面布置图。

(4)测量各站设备机房设备底座安装高度(底座加工为可调节式)，以便加工和安装。

(5)提前做好垫层下钢管的管口保护，地板下地洞、吊顶内墙洞的检查等工作。

(6)测量统计各机房垂直爬架的长度。

(7)设备机房交付后，机房安装管理制度牌及时上墙，安装临时照明灯具，安装临时门并上锁。

3. 设备底座加工

根据设备图纸、测量的防静电地板高度，绘制加工图纸，委外加工设备底座，底座为焊接连体，为便于运输安装，长度不超过三个设备，加工为可调节式，上下分离。地板托用 30 mm×30 mm×3 mm 角钢制作，地板托高度距底座上边 35 mm。

设备底座应采用 63 mm×63 mm×6.5 mm 角钢制作，热镀锌防腐，厚度 50 μm。

2.2 安全文明施工

负责设备安装的人员必须先经过培训，掌握正确的操作方法以及各种安全注意事项，方可进行设备的安装。

2.2.1 用电安全

(1)电源线

严禁电源线带电安装、拆除，电源线在接触导体的瞬间，会产生电火花或电弧，可导致火灾或眼睛受伤。

在进行电源线的安装拆除操作之前，关掉电源开关。

在连接电缆之前，必须确认电缆、电缆标签与实际安装是否相符。

(2)钻孔

严禁自行在机柜上钻孔。不符合要求的钻孔会损坏机柜内部的接线、电缆,钻孔所产生的金属屑进入机柜会导致电路板短路。

钻孔时,注意保护眼睛。钻孔后,请及时打扫、清理金属屑。

(3)电池

进行电池安装前,必须仔细阅读电池搬运的安全注意事项以及电池的准确连接方法。避免金属物体造成电池电路短路,比如操作工具不当造成的短路。

(4)电焊

电焊作业时首先要办理动火证,在作业现场要准备灭火器,清除作业现场的易燃物。

(5)电烙铁

使用前应检查电源线绝缘是否良好;使用间歇应置于非燃体上;使用完毕应及时切断电源,严禁通电后离开。

2.2.2 文明施工

(1)机房内物品堆放整齐,做好成品保护,及时清理设备机柜内灰尘。

(2)设备安装前给每个设备房安装一个三级配电箱,安装施工照明灯,固定机房管理规定牌。

(3)设备安装前后都要彻底打扫机房卫生,要保证每次出机房时,机房内都干净整洁。同时督促好其他专业或部门保证机房的卫生。

2.3 设备底座安装

根据绘制的设备平面布置图安装设备底座。设备底座安装时注意:一是底座要水平、方正;二是考虑设备安装后的间隙,一排底座间要有 10～15 mm 的间隙。注意安装前先要排列,保证设备正面对齐。设备在机房间的相对位置同时考虑防静电地板的铺设方便,避免形成 700 mm 等尺寸,使地板形成小窄条。

依据设备平面布置图考虑设备布局。设备正面距墙大于 1.2 m,背面距墙一般为 1 m,不小于 800 mm,特别困难地段也不能小于 600 mm,如太小则无法配线。设备一般前后均能进人,一侧主走道一般为 1.2 m 宽,侧走道不得小于 800 mm 宽。

底座焊接部位焊接完毕后,要及时清理焊渣,并涂防锈漆。机柜支架一般用 63 mm×63 mm×6 mm 角钢进行加工后除锈并热镀锌,同类型号的设备(或机架底座尺寸相同、位置紧邻、可以接相同地线的设备)可以加工成一个长底座,根据实际情况钻孔。底座表面必须平整、水平、无扭曲现象。

底座地面之间采用膨胀螺栓进行连接,应安装稳固,和防静电地板贴合紧密,表面水平。可用小扁钢或木片垫起,切割防静电地板时最好使用手持切割机并注意安全。

车控室的 IBP 盘 4 个底座焊好不要固定,等设备组装、调整好后再固定。

2.4 机房地槽的安装

设备室内架空地板下走线槽下设 5 cm 高支架,采用 30 mm 宽镀锌扁钢,间距按 1 m 设置。特殊地点适当加密。

设备机房的地板下线槽一般将数据线和电源线分槽布置,安装地槽前需先规划两种线槽的径路,既方便于布线,又能合理分布减少线槽的变形和交越。线槽在每个机柜处用三通连接。

公共区、设备区进机房的垂直线槽最好安装在机房靠近公共区这一侧,以节省线缆。电源线槽布设时同时注意与墙上配电箱、地线排等相连。地板下线槽要与垂直线槽、地洞线槽相连。线槽之间使用成品铜编织地线进行电气连接。最后线槽要与地线排相连。

首先进行线槽支撑架安装。用膨胀螺栓将线槽支撑架固定在线槽的径路上,按每 1 m/个进行设置,线槽支撑架与线槽径路垂直布放安装,安装在线槽的正中位置,可起到承载线槽负荷的作用。注意在三通、四通、拐角等异型线槽的两端须设置线槽支撑架,避免线槽的塌陷、变形等。

将线槽按照线槽径路规划一一摆放在线槽支撑架上。用螺栓把线槽和线槽支撑架连接固定在一起,每处支撑架用 1 个螺栓将线槽与支撑架固定连接。将线槽与爬架、爬梯、接地排、防静电地板接地通网进行电气连通。

机柜支架制作及安装前与装修单位进一步落实其架空地板高度,防止现场实际情况与图纸不符,带来施工的不便。机柜支架严格按照厂家图纸进行加工制作,并进行严格的防腐处理。

2.5 设备搬运、固定

2.5.1 设备搬运

设备从中心料库用汽车、轨道车运到车站,在车站用人工和采用手动液压叉车进行设备运输。

因在安装过程中楼道较窄,障碍物多,建议设备机柜不开包装搬运。

蓄电池的搬运应让电池外壳底部受力搬运。严禁用力于蓄电池的端子部位使其移动，这样会使密封部位发生裂纹。在搬运蓄电池时，电池应当竖直向上，严禁倒立或倾斜。

2.5.2　开箱检验

开箱前，应将包装箱搬运至机房或机房附近开箱，以免长距离搬运时损伤设备外表漆膜。

1. 普通包装箱开箱

包装箱外形及包装结构如图 2-1 所示。将机柜水平放置，使用羊角锤、螺钉旋具、钢丝钳、撬杠等工具，启掉包装铁皮。用螺钉旋具插入木箱盖板缝隙中，将盖板松动，然后用撬杠将其撬开，去掉木箱盖板。撬杠插入木箱侧板的深度小于 50 mm，以避免损坏设备表面。

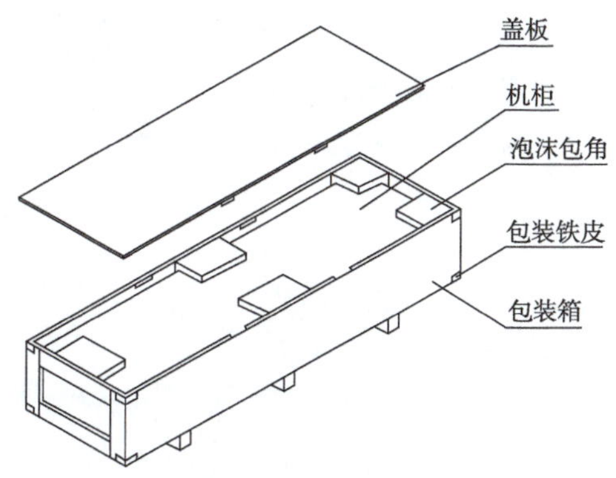

图 2-1　包装箱结构

下面介绍一种用羊角锤开启包装木箱的方法，如图 2-2 所示。

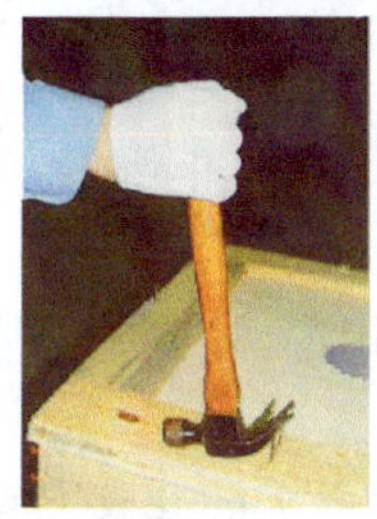

图 2-2　羊角锤开启包装木箱

将木箱竖立起来，由两人蹲下在机柜左右两侧的底部施力，往外拖拉出 20 cm 左右。一人扶机柜，然后将木箱向前倾斜约 30°左右的角度，另一人在木箱后边扶着木箱两侧，左右移动木箱向后挪动直至木箱拉出，如图 2-3 所示。

去掉设备塑料包装袋，检查设备外表及内部元件、母排有无变形、损坏。

2. 华为、中兴设备木箱开箱

用大号平口螺钉旋具插入木箱盖板舌片孔内，将舌片扳直。待箱盖上的所有舌片扳直后，将箱盖抬起、移走，抬出设备，如图 2-4 所示。

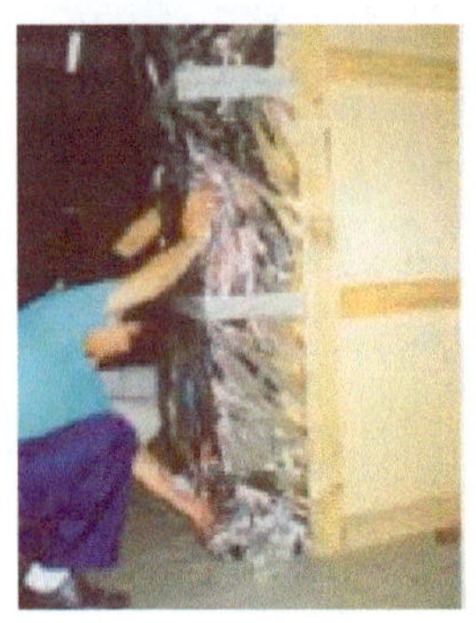

图 2-3　拉出木箱移出机柜

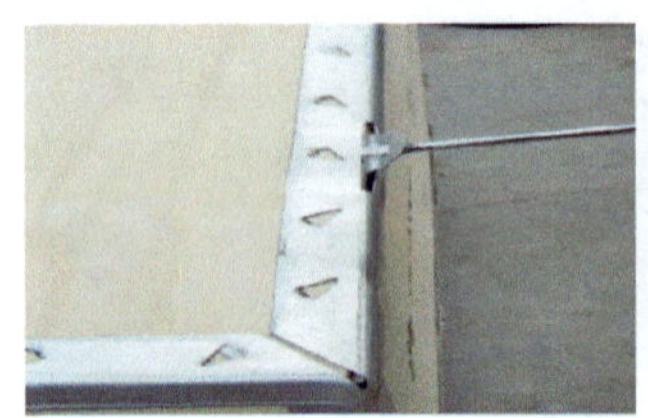

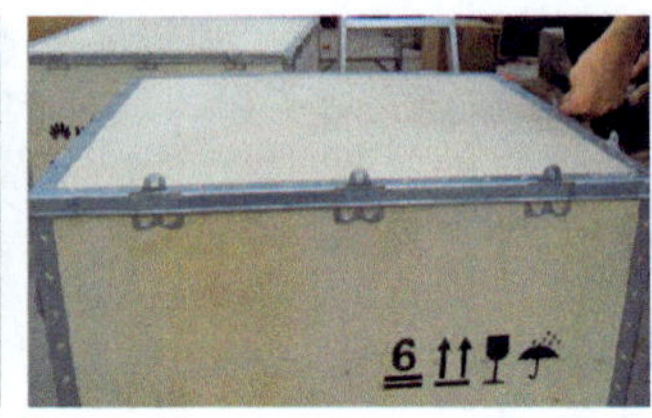

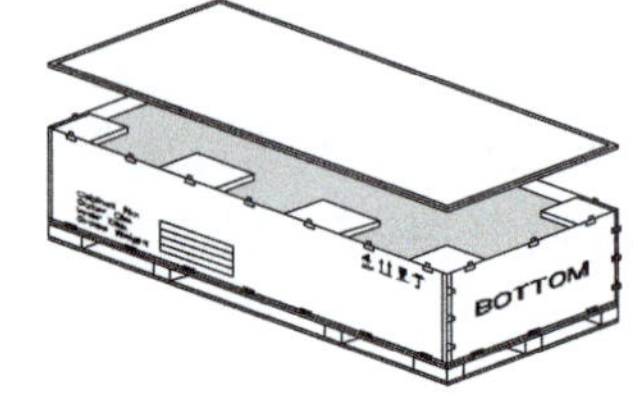

图 2-4　设备木箱开箱

3. 设备开箱注意事项

(1)开箱过程中如发现设备被锈蚀或浸水,应立即停止开箱,查明原因,会同监理、现场督导向厂家反馈。

(2)搬运过程要轻拿轻放,不能将机柜倒置,尽量保持机柜水平搬运,严禁在地板上拖动机柜。

(3)搬运设备到机房,对照装箱单,核对设备类型、数量进行清点,并签字确认装箱单。

(4)设备机柜开箱过程中应有专人收集设备的技术资料及相关备件,并建立登记台账,特别注意收集设备机柜钥匙、光盘软件、加密匙等小件。对于易丢失的小件或易拆卸易被盗的配件应先收回。

(5)在机房内开包装后及时将设备排列在底座上固定,包装物及时清理出机房。

2.5.3　设备组立

按照设计文件规定,将机柜按顺序搬放到安装位置。首先把每面机柜大致调水平,然后从成列机柜一端的第一面开始调整。其余的机柜以第一面为标准逐个调整,使其水平、垂直。

设备组立固定原则以正面对齐,同时根据设计及规范要求确定机柜间的间隙。机柜正面调整后要保证机柜的垂直度,调匀机柜间的间隙,做到机柜垂直平整、间隙均匀、固定牢靠。必要时需对机柜上部同时进行调整固定。

施工过程中做好机柜表面的漆饰保护,松脱的螺栓、配件等及时固定补齐。不够灵活的柜门等及时调整,做到开关自如。机柜组立完成应做好遮盖等成品保护。

将一列机柜全部摆放到位调整好水平和垂直,最后固定。

施工注意事项:

(1)机柜在安装时要避免强烈振动。

(2)机柜搬运安装时,要防止挤压手、脚以及盘、柜上的设备。

(3)机柜在未固定牢固前应有防倒措施。

(4)机柜安装完毕后,需使用塑料布将盘柜包封,防止灰尘、潮气侵入。

(5)设备进场后,需派专人看守,防止设备被损坏。

2.6　线缆布放、绑扎、成端

2.6.1　线缆布放

(1)交流电源线、负载电缆、信号线及用户电缆尽可能分开布放,以免相互影响。

(2)配线电缆的型号、规格、长度必须满足施工图要求。布放前后进行测试和外观检查,检查有无断线、混线和外皮破损现象。

(3)配线电缆排列整齐,绑扎匀称,直线部分横平竖直,转弯处电缆弯曲均匀、圆滑,弯曲半径要满足施工规范要求。

(4)布放的电源线和信号线必须是整段线,中间不得有接头。布放直流电源线时,还应注意颜色,红色为正极,蓝色为负极。

(5)在直流电源中,一般正极(工作地)为红色,负极为蓝色,保护地为黄色或黄绿色。

(6)在交流电源线中,交流电力线颜色黄、绿、红、浅蓝色分别与交流 A、B、C 相及零线对应。

(7)线缆布放必须整齐,外皮无损伤,转弯处应圆滑过渡,电缆转弯的最小曲率半径应大于 $10D$(D 为电缆直径);光缆转弯的最小曲率半径应大于光缆直径的 15 倍;纤芯、尾纤不论在何处转弯,最小弯曲半径均应大于 37.5 mm。

(8)双头光尾纤布放时要有保护措施,如波纹塑管、硬塑管、布光纤专用塑料槽等。

(9)光纤的布放、绑扎、盘绕都要格外小心,在ODF架中盘绕后的尾纤必须放在盘纤盒中或固定在一个合适的地方,不能让尾纤头负重。

2.6.2 线缆绑扎

(1)线扣间距均匀,松紧适度。

(2)多余的线扣头应剪除,剪平不拉尖。

(3)线扣编排应整齐,线扣头朝向一致。

(4)机柜内绑扎成束电缆弯曲处不应绑扎线扣。

(5)合理使用不同长度的线扣。

(6)尾纤不得随意使用线扣进行绑扎,避免绑扎过紧产生衰耗。

(7)绑扎成束的电缆应紧密靠拢,外观平直整齐。

(8)避免使用两根或两根以上的扎带连接后并扎,以免绑扎后强度降低。

(9)电缆转弯应均匀圆滑。

(10)电缆出机柜1 m内允许有交叉。

(11)绑扎不得损伤导线绝缘层。

(12)作废中继电缆应及时拆除。

2.6.3 线缆成端

(1)配线电缆在总配线架上成端,电缆开剥时不得损伤芯线;芯线上端子前须理顺,按出线顺序编好线把。

(2)卡接电缆芯线必须使用卡接钳,不得用其他工具代替,芯线线径符合卡接端子的要求。

(3)同轴电缆端子的制作符合操作手册的要求,内外导体必须接在对应的同轴端子上,剖分的同轴线不宜过长。

(4)直流电源线接触面应使用螺母紧固。6 mm^2及以下截面单芯缆线可采用铜芯线直接打圈方式终端紧固,但必须顺时针方向打圈;多芯导线应采用镀锡铜接线端子与设备接线端子进行压接紧固或焊接连接。紧固件通常应包括镀锌六角螺栓、双平垫片、弹簧垫片、六角螺母等。根据不同截面导线,分别采用M6、M8、M10、M12镀锌螺栓紧固件。紧固件与设备上铜排预留洞孔直径应匹配,长度满足要求。紧固螺母不得使用活扳手。

(5)全部电缆终端完毕,必须进行“对线”,目的是核对电缆及电缆芯线是否正确,是否有开路或短路现象。

2.7　机柜、线缆标识

2.7.1　机柜标识

设备机房设备标识分为机架编号和设备名称，机架编号贴在机柜正面的左上角，设备名称贴在机架正面的右上角，机架编号从机房第一列第一架设备开始为A01、A02、…第二列为 B01、B02、…以此类推。

2.7.2　线缆标识

工程标签是现场安装及之后维护时使用的一种识别标识。工程标签按照电源线和信号线分为两种，信号线包括告警外接电缆、网线、光纤、中继电缆、用户电缆等；电源线包括直流电源线和交流电源线。

1. 电源线标签内容

电源线标签仅粘贴在线扣标识牌的一面，内容为电缆对端位置信息(体现标签上自带的“TO:”字样的含义)，即仅填写标签所在电缆侧的对端设备、控制柜、分线盒或插座的位置信息。

2. 信号线标签内容

信号线采用固定尺寸的刀型结构。

信号线标签粘贴后有两个面，标签两面内容分别标识了电缆两端所连端口的位置信息。标签内容的填写如图 2-5 所示，电缆所在位置的本端内容写在区域①中；电缆所在位置的对端内容写在区域②中，即右下角带有倒写“TO:”字样的标签区域中；区域③为粘贴标签时将被折叠的局部。

从设备的电缆出线端看，标签的长条形写字内容部分均在电缆右侧，字迹朝上的一面(即露在外面能看到的一面，也就是带“TO:”字样的一面)内容为电缆所在对端的位置信息。背面为电缆所在本端的位置信息。因此一根电缆两端的标签，区域①和区域②中内容刚好相反，即在某一侧的本端内容，在另一侧时被称为对端内容。

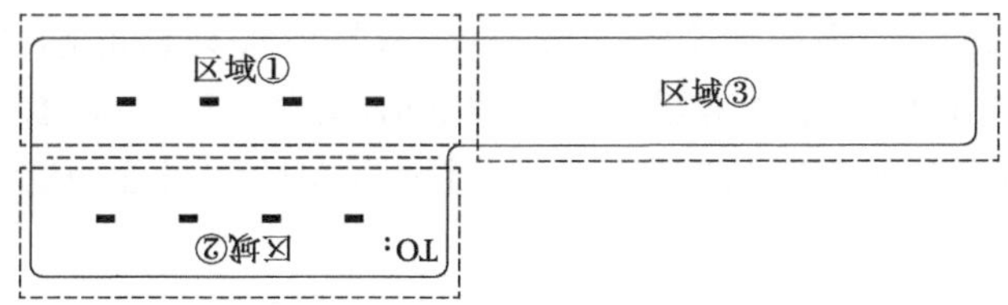

图 2-5　信号线标签示意图

2.7.3 标签的粘贴方法

粘贴标签之前先在整版标签纸上填写或打印好标签内容，然后揭下粘贴在电缆或标识牌线扣上。下面分别说明两种标签的粘贴方法。

1. 信号线标签

(1)确定标签粘贴位置

标签默认粘贴位置在距离插头 2 cm 处，特殊情况可特殊处理，如标签位置应该避开电缆弯曲或其他影响电缆安装的位置。按图 2-6(a)中所示，将标签与电缆定位。

标签在电缆上粘贴后，长条形文字区域一律朝向右侧或下侧，即在标签粘贴处，当电缆垂直布放时标签朝向右，当电缆水平布放时标签朝向下。朝向下时，粘贴方法相当于图 2-6 中三个图形分别顺时针旋转 90°。

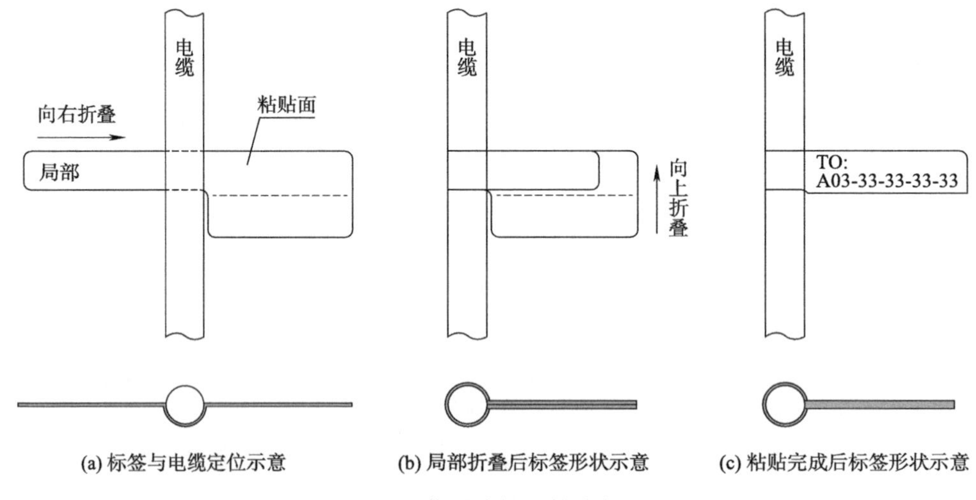

(a) 标签与电缆定位示意　(b) 局部折叠后标签形状示意　(c) 粘贴完成后标签形状示意

图 2-6　信号线标签粘贴方法

(2)折叠局部

向右环绕着电缆折叠标签局部，并粘贴。注意使粘贴面在电缆的中心面，局部折叠后的形状如图 2-6(b)所示。

粘贴后局部不一定完全和文字区域重合，根据电缆外径的不同有的会比文字区域短，这是因为局部长度是根据单芯同轴电缆的外径 2.6 mm 设计的，当使用在大线径电缆上时剩余的不同长度的局部区域被折在标签里面，从外面只能看到整齐的文字区域。

(3)折叠标签

沿虚线向上折叠标签并粘贴，粘贴后形状如图 2-6(c)所示。

2. 电源线标签

将标签纸从整版标签材料上揭下来，粘贴在线扣的标识牌上（只粘贴其中一面）。粘贴时注意尽量粘贴在标识牌的四方形凹槽内（粘贴在哪一面不作规定，由现场根据操作习惯自行确定，但是同一机房内需保持粘贴面的统一）；线扣默认绑扎位置在距离插头 2 cm 处，特殊情况可特殊处理。

电缆两端均需绑扎线扣，线扣在电缆上绑扎后标识牌一律朝向右侧或上侧。即当电缆垂直布放时标识牌朝向右；当电缆水平布放时标识牌朝向上，并保证粘贴标签的一面朝向外侧，如图 2-7 所示。

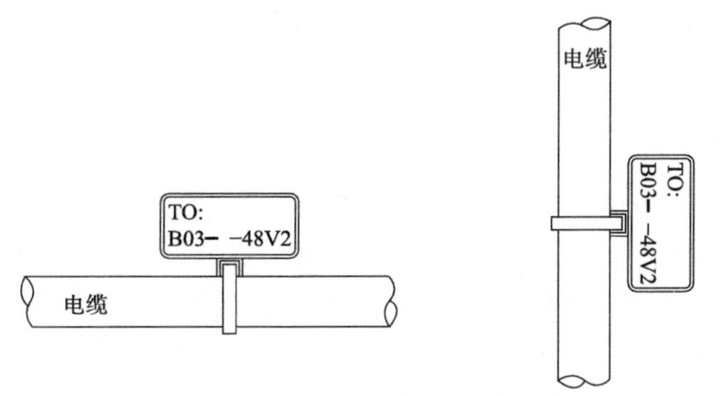

(a) 电缆水平布放时标识牌朝上　　(b) 电缆垂直布放时标识牌朝右

图 2-7　电源线标识牌绑扎效果

2.8　防火封堵

（1）机柜下方进线孔洞采用防火板封堵。

（2）钢管端口处采用防火胶泥封堵。

（3）≤400 mm×300 mm 的墙地面孔洞采用防火板和防火包封堵。

（4）≥400 mm×300 mm 的墙地面孔洞采用一块镀锌钢板封堵；

（5）≥2 000 mm×1 000 mm 的地面孔洞采用两块镀锌钢板封堵。

第 3 章　视频监控系统设备安装工艺

3.1　工程概况

西安地铁视频监控系统分为运营和公安两部分，自 4 号线起，已完成向全数字高清系统的过渡。

3.1.1　运营视频监控系统概况

运营视频监控系统由车站和控制中心两级系统设备组成，通过传输系统提供的通道组成一个完整的视频监控系统。系统由图像摄取、图像显示及录制存储、车站控制处理及显示、中心控制处理及显示、视频信号传输、网管等设备组成。

本工程均采用彩色摄像机，各车站一般设置 28～32 台，摄像机安装在上行站台、下行站台、站厅、设备区出入口、售票亭和票务管理室等区域。

3.1.2　公安视频监控系统概况

公安视频监控系统由车站警务站、派出所、地铁公安分局中心及车载视频监控系统组成，通过传输系统提供的通道组成一个完整的视频监控系统。

根据地铁车站警务站监视的目的，系统在本站主要区域，如车站出入口、过街通道、站厅层和站台层设置彩色摄象机，结合车站的布局情况，本系统设置的彩色摄像机数量一般为 25～30 台；在派出所的审讯室和置留室分别设置 1 台固定式彩色摄象机，摄象机采用靠墙安装的方式。车载图像信号从渭河 OCC 的 PIS 设备房获取，通过本系统设置的光端机传送到地铁分局中心，在视频系统的显示器或大屏幕上显示。

3.1.3　系统接口

由于运营视频监控系统已在各车站设置前端摄像机，为了实现资源共享，公安监控系统将利用运营视频监控系统设置的前端设备（摄像机）生成信号，与公安视频监控系统在车站设置的前端摄象机信号一起作为公安视频监控系统视频信号源，满足地铁公安视频监控系统覆盖要求。

运营视频监控系统在运营控制中心与传输、时钟、综合监控、集中告警、乘客信息系统均有相应接口，通过光纤、以太网通道实现相应功能；在各车站与传输、综合监控系统有相应接口，通过光纤、以太网通道实现互联。

3.2　视频监控系统施工特点

(1)各车站摄像机终端一般为 60～80 台，安装、调试工作量大。

(2)摄像机安装位置易受 PIS 屏、导向的影响，准确定位比较难。

(3)摄像机终端的安装受土建、装修单位的进度影响较大，持续时间长，特别是出入口结构后期不确定性因素大，变更时有发生。

3.3　施工流程及操作要点

本系统是通信系统中的一个子系统，随施工整体进度及装修进度进行安装。施工过程中，应先进行各车站吊杆测量、管线安装，当线槽主干线连通后逐步进行线缆敷设工作，同时跟随装修吊顶进度进行吊杆、终端的安装。在机房具备条件后进行底座、机柜组立及柜内设备安装、配线，具备加电条件后开始设备加电、调试工作。设备调试分为各站点设备测试、单系统调试和综合联调。

西安地铁视频监控系统安装施工分为室内设备安装、外围设备安装两大部分，本系统施工工艺流程如图 3-1 所示。

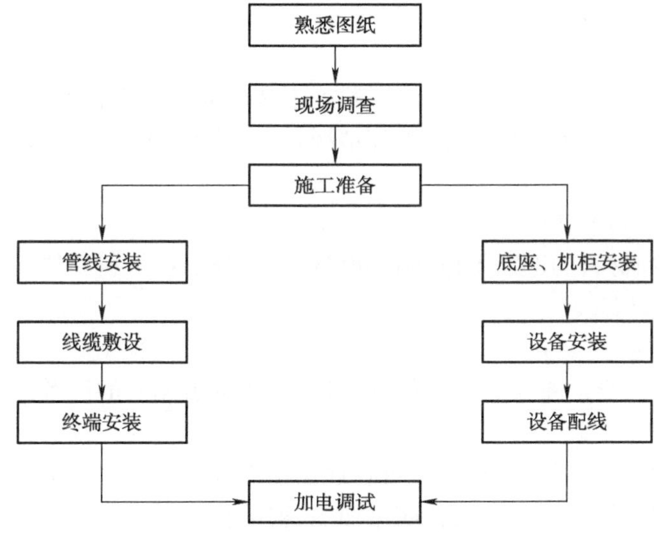

图 3-1　视频监控系统设备安装工艺流程

3.3.1 室内设备安装工艺流程

专用和公安通信视频监控系统室内设备安装流程基本相同，二者安装内容如下：专用通信视频监控系统室内设备安装包括控制中心通信设备室内机柜设备安装、配线，调度大厅终端的安装及与各相关系统的互连布线；车站通信设备室内机柜设备安装、配线，车控室内监控终端、控制键盘的安装。

公安通信视频监控系统室内设备安装包括公安分局设备室内机柜设备安装、配线，调度大厅控制柜、终端设备的安装及与各相关系统的互连布线；派出所内机房设备安装、配线及电视墙的安装，车站公安机房设备安装、配线及电视墙的安装。

视频监控系统室内设备安装流程如图 3-2 所示。

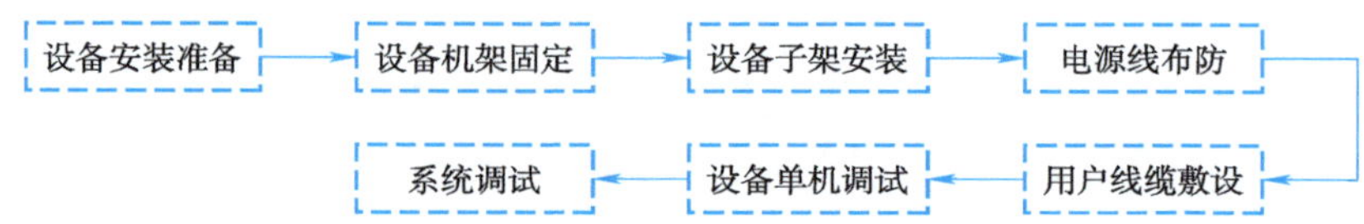

图 3-2 视频监控系统室内设备安装流程

1. 设备安装准备

(1)熟悉图纸

开工前，核对施工设计图纸和相关文件，明确施工内容、工期要求、质量要求等，对作业人员进行技术交底、安全交底。

(2)现场勘察

工程施工前，由项目部组织主要工程施工技术人员对设备机房进行现场勘察，了解机房现有设备布置、机房改造扩容情况，对照设计图纸，核实机房现有空间是否满足设备安装要求。

(3)机具、材料准备

做好机具和材料的选购工作，确保设备安装时机具、材料到位。

2. 设备机架安装

(1)设备检验

设备到货后，会同有关单位进行开箱检查，并签署相应的设备进场报验资料。

(2)设备底座安装

根据设计图纸及现场调查情况对各通信设备机房、电源室等房间的通信设备底座进行规划和设计，并实施设备底座加工、安装作业。

(3)线槽安装

根据设计图纸及现场调查情况对各通信设备机房、电源室等房间的爬梯、走线架、防静电地板下的线槽等走线设施进行规划和设计，并实施爬架、线槽等设施的安装作业。

(4)设备机架安装

按照设计及相关规范要求依次安装设备机柜，机柜安装必须整齐美观。机架必须安装牢固、美观，做到横平竖直，与地面垂直、平稳，吊装后前后左右的倾斜偏差小于机架高度的1‰。

3. 设备子架安装

本系统机柜设备安装一般在厂家督导下进行。设备安装盘面布置参照施工设计图，同一规格设备如有多台，设备之间一般空余 1 U 位置，保证机柜内散热及通风效果。设备安装时，应先安装隔离地变压器，并将网线缆及时成端，其余设备视工程进度进行安装。设备搬运、安装时应轻拿轻放，避免摔坏。安装完成后将设备附件收集整理好，由专人(技术人员)保管并建立台账。

(1)运营视频设备子架安装

运营视频监控系统一般车站机柜设备包括电源机箱、网管设备、多级调用设备、二、四画面处理器、编码器、交换机、视频存储服务器及存储阵列、多功能控制器、隔离地变压器、视频连接座等；控制中心机柜设备包括电源机箱、网管设备、网管服务器、视频服务器、核心交换机、解码器组、存储设备、PIS 转换服务器等。

2 号线车站运营视频机柜设备安装效果图如图 3-3 所示。

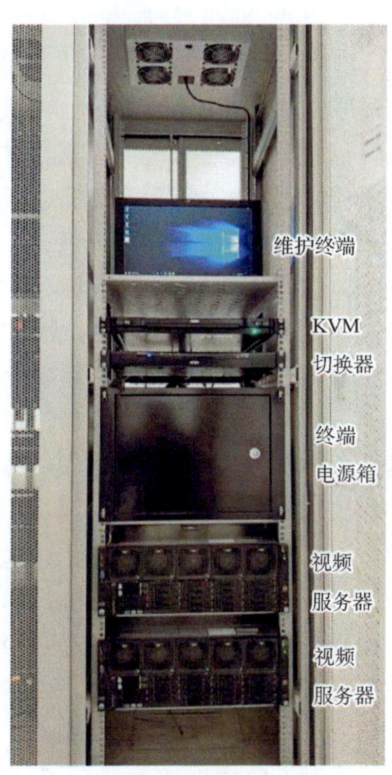

图 3-3　2 号线车站运营视频机柜设备安装

(2)公安视频设备子架安装

公安视频监控系统一般车站机柜设备包括电源机箱、网管主机、多级调用设备、编码器、交换机、四画面处理器、视频分析主机、录像服务器及存储设备、阵列扩展框、多功能控制器、隔离地变压器、视频连接座等；派出所机柜设备包括电源机箱、视频管理服务器、解码器组、交换机等；公安分局机柜设备包括电源机箱、综合网管服务器、视频管理服务器、视频分析服务器、核心交换机、光端机、解码器组等。

4. 电源线布放

(1)运营视频系统需从配电柜敷设2根3×10 mm²电缆(根据图纸)用于视频系统设备供电。

(2)公安视频系统从配电箱敷设2根3×10 mm²电缆(根据图纸)用于视频系统设备供电。车站警务室终端设备由机房配电箱敷设一根3×2.5 mm²电源线集中供电。

5. 用户电缆布放

运营视频系统线缆主要包括交换机至传输间2根尾纤(FC-LC),多级调用至综合监控室网络机柜以太网线2根,车控室内视频监视器及控制键盘线缆等。

公安视频系统线缆主要包括公安共享运营视频的网线及控制线,交换机至传输间2根尾纤(FC-LC),机房至警务室内电视墙、操作终端的网线、电源线等。

(1)施工要点

1)本系统设备配线分为两部分:柜内设备间配线一般由集成商完成;外围线缆及柜间线缆由施工单位完成(具体分界面以设计图纸为准)。本系统外围线缆主要包括电源线、网线、控制线等。

2)在线缆绑扎之前,先将地槽内杂物清理干净。线缆绑扎应按电源线和网线分开原则从爬架开始,并分别布放到电源线槽和数据线槽中,原则上电源线槽在机柜前,数据线槽在机柜后。线缆绑扎时建议分成站厅、站台和出入口3个区域进行,不同类型线缆应分开编把。线缆绑扎应松紧适度,绑扎线扣间距均匀一致,线缆转弯均匀圆滑,不得有死弯。

3)在配线之前,先对照线缆布放清册核对线缆是否齐全,有无漏放、错放现象。成端时,若集成商已对成端顺序有规划,应按照集成商配置的点位表进行线缆成端,否则,按照图纸编号顺序进行成端。线缆成端时应在机柜下做适当预留(0.5 m),并做临时标签,BNC视频头成端后应及时用万用表进行测试,保证可靠性。电源线和网线成端顺序应保持一致。

(2)制作标识

本工程线缆采用刀型标签,设备、机柜采用方块标签。线缆标签应标明线缆始终。标识全部采用计算机打印,标识正确、清楚、不褪色。外围线缆和机柜标识由施工方完成,柜内设备间配线标识由集成商完成。为方便后期维护还应将柜内设备布置及设备配线系统图贴于柜门里。机柜编号和机柜台账如图3-4所示。

临时标签内容应简洁明了,用楷体书写。

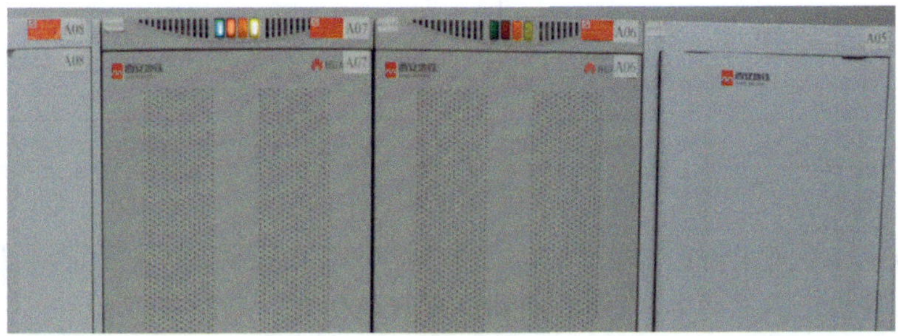

机柜编号

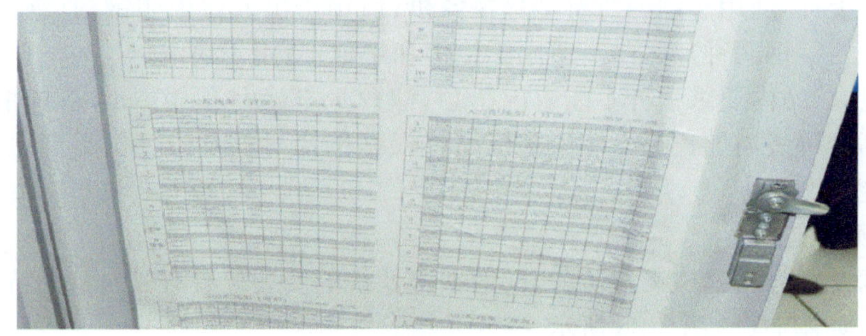

机柜台账

图 3-4　机柜编号及机柜台账

6. 设备单机调试

机房内设备安装配线完成，一般情况下待正式送电后，由电源厂商加电开启配电屏和 UPS 设备，然后再由 UPS 送电给视频系统。

设备加电时先检查从低压配电箱至配电屏的接线是否正确，同时用相位仪检查电压相位是否正确，设备地线是否良好，设备内配线是否齐全，由集成商确认后加电。加电后查看设备运行是否正常，风扇是否转动等。

7. 系统调试

系统调试首先确保本系统与传输系统的光路畅通，为集成商调试做好准备。对于调试期间出现的问题应及时进行处理，确保调试工作顺利进行。

3.3.2　室外设备安装工艺流程

专用和公安视频系统外围终端主要包括固定摄像机、半球式摄像机、一体化摄像机、站台监视器等终端配管、线缆敷设、支吊架安装、摄像机安装及调试等。室外设备安装工艺流程如图 3-5 所示。

1. 施工准备

(1)在工程初期，审查图纸，统计各站点不同型号摄像机、监视器等终端数量，

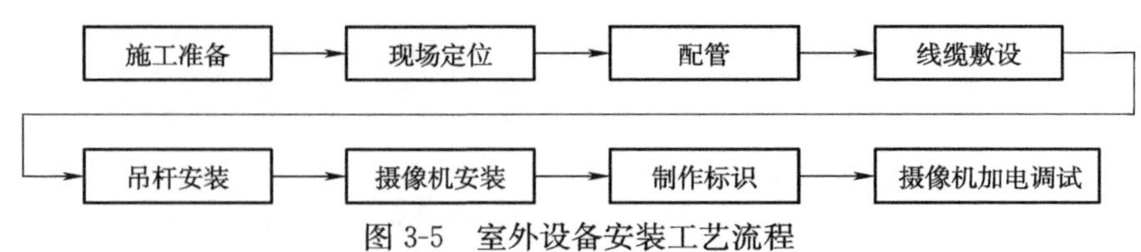

图 3-5 室外设备安装工艺流程

汇总后和工程量清单对比，同时与集成商合同数量相核实，如有可能，尽量从集成商那获取本系统供货清单，方便后期到货查收与核对。

(2)吊杆测量。摄像机吊杆由上杆和下杆两部分组成，其中上杆和下杆均可分为两种。上杆：适用于站内所有型号摄像机；适用于出入口雨棚钢构（钢构一般分为圆钢和工字钢两种）。下杆：适用于枪机和半球；适用于快球。

测量时，站内要求上杆不能露出吊顶，建议上杆距吊顶 10 cm，下杆根据摄像机安装高度可适当加长。雨棚摄像机吊杆根据钢构材料及摄像机类型加工，建议吊杆长度为 20 cm。

2. 现场定位

根据 1、2 号线的施工经验，西安地铁摄像机的安装位置有其自身的特点，具体见表 3-1，如图 3-6～图 3-26 所示。

表 3-1 西安地铁摄像机的安装位置

序号	安装区域	安装位置要求	摄像机类型
一	运营视频监控系统		
1	进出站闸机	距离闸机 5 m	枪机
2	站厅扶梯	扶梯踏板与地面相接正上方	枪机
3	站厅公共区	参照图纸，尽量避开导向、灯具	快球
4	售票机处	建议从 45°角方向照射，安装位置靠近结构墙面	枪机
5	售票厅	安装于 2 个售票窗口对角处	半球
6	设备区走廊	靠近走廊一侧，兼顾车控室等主要房间门口	枪机
7	票务管理室	安装于进门对角处	枪机或半球
8	车控室	进门对角处，安装于 IBP 盘靠近玻璃窗拐角处上方	半球
9	垂直电梯轿厢内飞碟摄像机	一般由电梯专业安装	飞碟半球
10	站台 4 个对射	距屏蔽门 500 mm，同侧 2 台相聚 14 m，避免 PIS 遮挡	枪机
11	站台监视器	距离屏蔽门 5 m，站台边沿 800 mm	26 in 监视器

续上表

序号	安装区域	安装位置要求	摄像机类型
12	出入口通道内摄像机	原则上靠近结构墙安装，对于背靠背摄像机建议交叉 5 m 安装	枪机
13	雨棚摄像机	安装于卷帘门内，扶梯踏板与地面相接正上方	枪机
二	公安视频监控系统		
1	站厅公共区	参照图纸，尽量避开导向、灯具	快球和半球
2	站厅背靠背照射通道摄像机	尽量靠近设备区墙安装	枪机
3	警务室	一般安装于进门角处上方，监督值班人员	网络半球或枪机(拾音)
4	站台照射扶梯摄像机	靠近两侧设备区墙	枪机或半球
5	站台端墙门	靠近端墙门 30 cm 处	枪机
6	站台卫生间	安装于卫生间大门正前方，尽量靠近屏蔽门，吸顶安装	半球
7	出入口通道内摄像机	原则上靠近结构墙安装，对于背靠背摄像机建议交叉 5 m 安装	枪机
8	通道照射扶梯摄像机	靠近结构墙	枪机
9	雨棚摄像机	安装在雨棚远离马路侧钢结构上，距离外角 10 cm	一体化球机
10	审讯室和置留室	主要用来监控值班人员，参考设计图纸	半球或枪机
11	派出所门厅快球	安装于大门外侧墙壁上	一体化球机

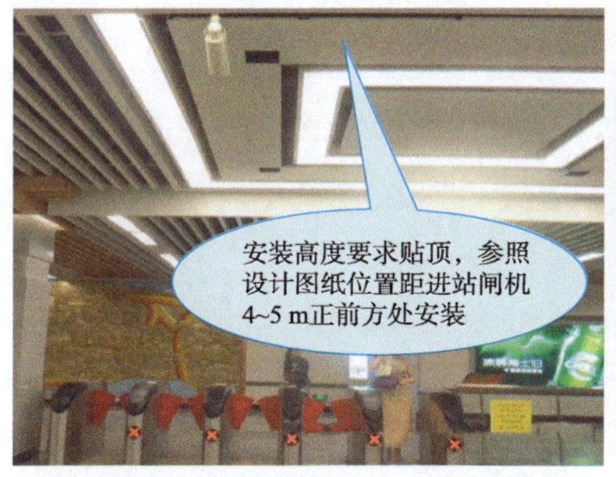

图 3-6　进站闸机固定式摄像机

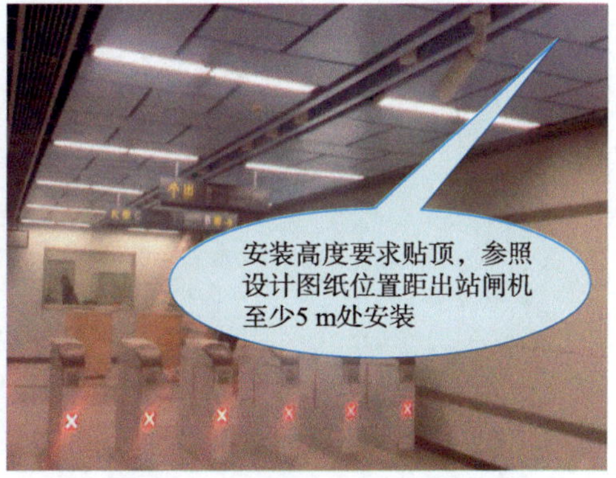

图 3-7　出站闸机固定式摄像机

图 3-8　站厅扶梯半球式摄像机

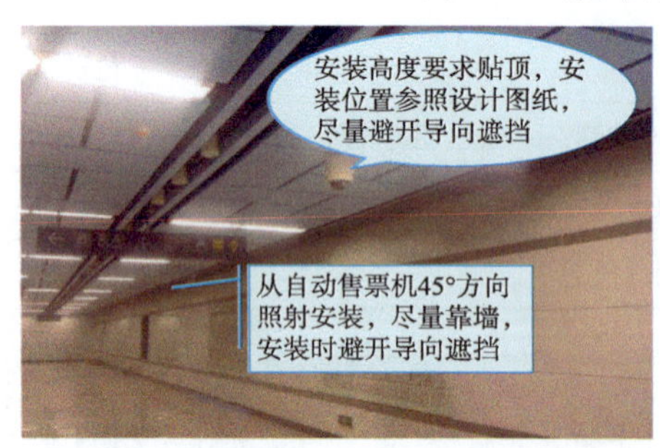

图 3-9　站厅一体化快球及售票机固定式摄像机

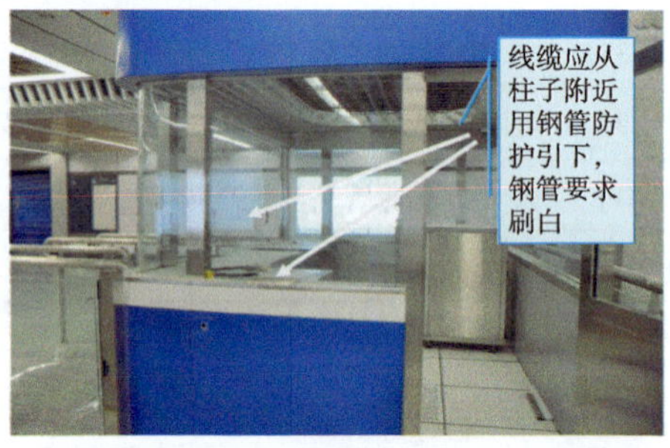

图 3-10　站厅售票厅半球式摄像机

图 3-11　车控室半球式摄像机

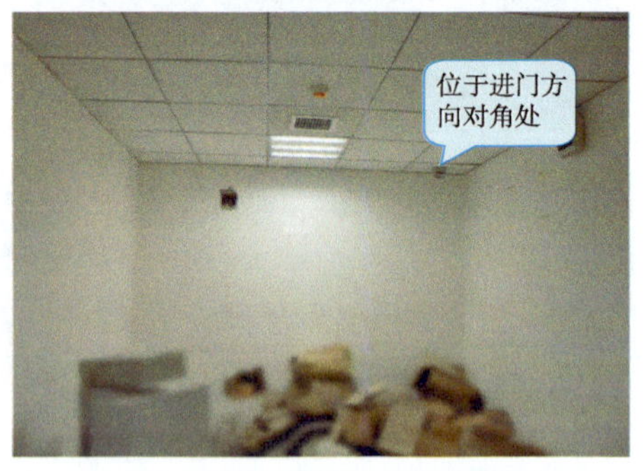

图 3-12　票务管理室半球

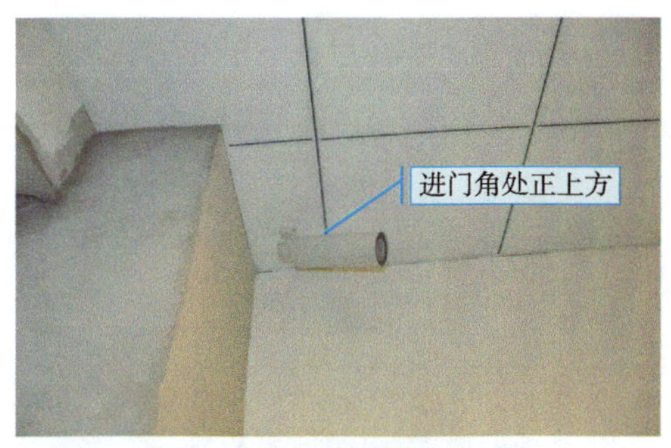

图 3-13　票务管理室枪机

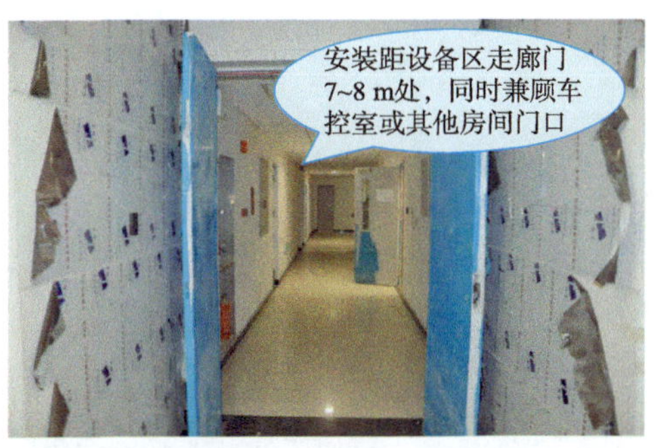

图 3-14　设备区走廊枪机

图 3-15　设备区走廊枪机
（吸顶，覆盖主要机房门口及走道）

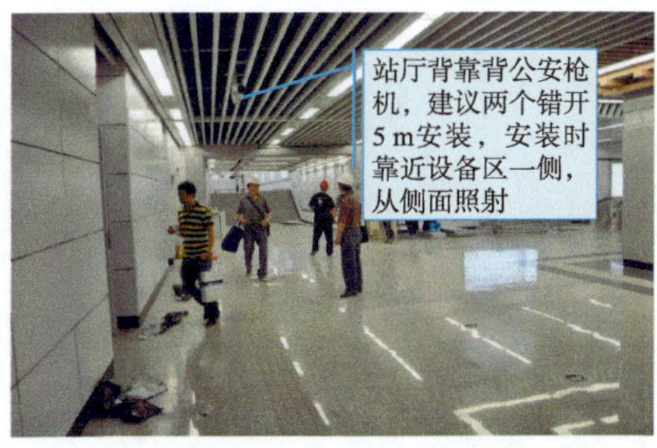

图 3-16　站厅公安枪机

图 3-17　站台公共区固定式摄像机

图 3-18　站台扶梯固定式摄像机

图 3-19 站台对射固定式摄像机

图 3-20 站台监视器

图 3-21 雨棚固定式摄像机

图 3-22 雨棚一体化球机

图 3-23 站台端墙门公安固定式摄像机

图 3-24 站台公安半球式摄像机

图 3-25 通道固定式摄像机
(建议采用对射安装,避免盲区)

图 3-26 雨棚扶梯固定式摄像机

3. 配管

根据以上摄像机定位原则进行管线安装,摄像机终端采用 ϕ20 和 ϕ25 钢管各一根。进出线管口要求光滑,无毛刺,出线口应安装 86 盒,钢管连接处应内外锁母夹紧,线槽与钢管、钢管与 86 盒间应连接地线。配管时位置尽量准确,减少软管使用量。

雨棚下摄像机应从卷帘门柱处布设钢管引上,在装修挂石材之前预埋。钢管拐弯连接处应规范、美观。施工中应跟进装修进度,避免错过最佳时期。

警务室电视墙出线盒应从警务机房用 100 mm×50 mm 线槽预埋在电视墙安装位置距墙 10 cm 处,作为后期电视墙线缆通道。

4. 线缆敷设

在外围桥架及配管、机房底座和地槽、爬架等安装完成后,可以开始网线缆敷设。对于受土建单位影响未成型的通道,也应一并将线缆敷设,根据图纸计算预留长度并盘留在线槽内,待后期具备条件后穿放到位。

(1)运营视频监控外围线缆

视频监控系统外围终端线缆包括电源线 WDZ-RVV3×1.5 mm^2、WDZ-RVV3×2.5 mm^2,网线 STP-5E,控制线 WDZ-RVVP2×1.0 mm^2。

网线、控制线和音频线缆均是将主线从机房视频机柜敷设至室外控制箱,再由室外控制箱控制相应终端。

枪机、半球(含飞碟)、球机需敷设电源线和网线各一根;站台监视器需敷设电源线、光缆各一根;车控室的监控终端和控制键盘需敷设网线一根,控制键盘敷设网线一根,二者敷设电源线 WDZ-RVV2×1.5 mm^{2}一根集中供电。

综合监控系统和视频有一个接口,通过光接口实现,一般敷设 2 路光纤作为一主一备。

专用通信视频系统车站一般通过 2 根单模尾纤和传输系统相连，视频网管和录像功能通过以太网通道实现。在车控室一般配置有监控终端和控制键盘一套。

(2)公安视频监控外围线缆

为了满足公安系统地铁全覆盖要求，公安视频通过共享专用视频前端设备(摄像机)生成信号，与公安监控系统在车站设置的前端摄像机信号一起作为公安监控系统车站视频信号源。实现方式：通过从公安视频机柜-专用视频机柜敷设一定数量网线和 1 根控制线。网线作为图像传输用途，数量以除专用通信视频系统设备区内摄像机外均共享的原则计算，即专用视频摄像机总数减去设备区内专用摄像机数量。控制线作为图像调取与控制功能。

控制中心通过解码器获取 PIS 系统上传的 2 路车载图像，通过本系统设置的光端机传送到地铁分局中心，在视频系统的显示器或大屏幕上显示。在控制中心调度大厅设置行调、防灾、总调控制终端 4 套，在网管室设录像回放终端 1 套。通过以太网线与综合监控系统、综合网管系统和 PIS 系统相连。

公安通信视频系统车站一般通过 2 根单模尾纤和传输系统相连，视频网管和录像功能通过以太网通道实现。在警务室设有监控终端和控制键盘一套，同时还有电视墙一套。电视墙通过 6 块 19 in 监视器拼接组成，每块监视器需敷设网线一根，电视墙采用一根电源线集中供电。监控终端敷设网线一根，控制键盘敷设以太网线一根，二者敷设电源线 WDZ-RVV2×1.5 mm^2一根集中供电。

(3)施工要点

敷设时应遵循先远后近的原则，同一区域应集中布放，提高效率。放线过程中应将电源线和网线分开，避免扭绞。线缆敷设至终端处应将电源线穿进 ϕ20 钢管，网线、控制线穿入 ϕ25 钢管，同时将预留线缆临时盘留绑扎(建议用黑扎线)。线缆在线槽中布放时，电源线和数据线应分开，理顺。在线槽拐弯处应平滑过渡，在线槽高低变换处应沿线槽底部，松紧有度，防止斜拉、紧绷。线缆在机柜底部应做预留。敷设时在机柜处预留 3 m 即可，既能保证预留，又能满足配线长度。外围终端处建议预留 3～5 m。线缆敷设完成后应全部进行对号、通断测试并建立台账。

5. 吊杆安装

摄像机吊杆安装应与装修吊顶同步，安装位置参考表 3-1。安装时避免导向、PIS 遮挡。安装完成后应从不同方向看一下，保证吊杆垂直，无明显歪斜。

站厅、站台和通道内摄像机吊杆一般从栅格或铝板间缝隙处引下，避免从铝板中开孔。上杆安装完后，应将摄像机线缆用软管防护从吊杆顶部预留孔引入，同时将下杆调到安装高度固定牢固。站厅、通道吊杆一般紧贴吊顶，站台吊杆距地 2.6 m。

设备区走廊和房间吊顶一般为石膏板或穿孔铝板，安装前先安装上杆，然后确定开孔位置，根据下杆尺寸选择开孔器进行开孔。最后固定下杆(贴顶)并将线缆引入。

售票厅摄像机线缆一般从结构柱旁沿钢管引下，钢管要求刷白。

软管防护应规范，应用扎带固定，禁止用透明胶带或黑胶带。

6. 外围终端安装

(1)运营外围视频终端安装

机房和设备区走廊摄像机应在装修吊顶完成后进行，站厅、站台公共区摄像机可同步装修进度进行，雨棚上摄像机应在钢结构完成后进行。

摄像机安装时仔细阅读说明书看是否需要接变压器，电源线接线时注意变压器进出线位置。

站厅、通道摄像机安装方式一般要求贴顶。站台摄像机安装高度为 2.6 m，站台监视器安装高度为 2 m，面向列车司机，与钢轨夹角成 45°。票务管理室和车控室一般贴顶安装，拾音器一般安装于房间吊顶正中间。雨棚摄像机安装高度一般距顶 30 cm，安装时应将进线孔处用玻璃胶密封，防止进水。雨棚快球还应做滴水弯。

(2)公安外围视频终端安装

公安外围视频终端安装要求同运营外围视频终端安装。

警务室电视墙(图 3-27)一般参照设计图纸距墙 20 cm 安装固定，机房桌椅摆放位置应与警务人员沟通现场确定，桌椅确定位置后应及时将线槽布放到位，同时将线缆穿放到位并进行绑扎、成端。

图 3-27　警务室电视墙

7. 制作标识

摄像机标识尺寸为 5 cm×3 cm 方块白色标签，标识应标明是运营还是公安字样，同时将摄像机编号写上。如：B1-YG-13，B1 代表负一层，YG 代表运营枪机，13 代表摄像机编号；公安摄像机应用字母 G 表示。

标识位置：枪机贴于枪机筒侧面前方偏下，半球贴于背面罩上部，快球贴于罩子上方，如图 3-28 所示。

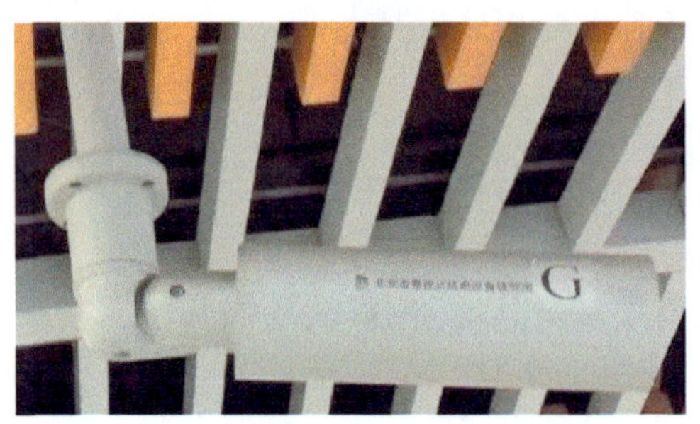

图 3-28 标识位置

8. 摄像机加电调试

调试分为单机调试、系统联调和综合联调。

在单机调试阶段，摄像机加电时，先检查线缆和摄像机是否一致，电源线接线是否正确，有变压器摄像机变压器接线是否正确；若几路摄像机是一路电或在一个空开上并接，应确保都已安装，若有未安装的电源线应处理好。加电后，用工程宝对已安装摄像机进行粗调，同时根据图纸将摄像机角度调好并锁死。在整体粗调后联系集成商进行微调。

系统联调和综合联调阶段应积极配合集成商做好故障排查和处理工作，保证开通节点。

3.4 质量控制

3.4.1 易出现的质量问题及处理措施

(1)摄像机吊杆在安装时，必须严格保持与地面垂直，否则等摄像机安装完毕后，会出现明显的偏斜，影响观感质量。建议安装人员从各方向进行目测校正。

(2)线缆敷设过程中打背扣、线缆皮破损，线槽拐弯、高低变化处出现线缆划伤、线缆紧绷脱离桥架等现象。建议现场负责人在关键路径处设专人负责。

(3)调试中发现图像闪烁、电源线短路、接地等情况，建议先用万用表测试电阻值进行排查。

(4)电源线、网线混放。要求每次放完线将线槽内线缆按电源线、数据线分开原则分别放到对应格挡里。

3.4.2　保证措施

(1)管理措施。加强现场管理,可委派专人(技术员)对现场安装质量进行检查,及时指出问题,避免大量返工。

(2)组织措施。作业队长应根据现场需要分配人员,避免出现窝工现象。班组长应合理规划人员,对于一些关键位置应设专人负责。

(3)技术措施。

1)编写施工作业指导书,下发到作业班组,并组织全部施工人员进行工序施工前培训,领会交底书、作业指导书内容及相关规范要求,做到工作有依据可查。

2)技术人员必须在每道工序施工前进行样板交底,完成后根据规范检查,并填写质量检查记录表。

3)加强工人技能培训及对仪器仪表的正确使用。

3.4.3　质量检查记录表

西安地铁视频监控系统质量检查记录表见表 3-2。

表 3-2　质量检查记录表

检查地点			作业现场负责人	
检查标准		《城市轨道交通通信工程质量验收规范》(GB 50382—2016)		
分部名称	分项名称	检查内容	检查标准	检查评定
通信管线	保护管安装	保护管固定点	固定方式恰当、可靠、均匀	
		保护管弯管	弯管圆顺	
		过线盒安装	过线盒位置合理、连接可靠、电气连通	
		保护管连接	保护管与桥架、保护管间连接符合规范要求	
		金属软管	金属软管长度合理、固定均匀	
终端设备安装	摄像机安装	支架及吊架安装位置	安装位置符合设计要求,位置恰当,满足功能要求,与装修协调	
		金属软管和进线处防护	软管固定和端头处理恰当	
		摄像机配线	配线余留、绑扎固定,成端可靠	
		摄像机附件安装	变压器、护罩等处理恰当	
		标识及成品保护	标识编号明确,防护措施得当	

续上表

分部名称	分项名称	检查内容	检查标准	检查评定
机房设备安装	设备底座加工固定	底座加工情况	底座镀锌和焊点防锈处理情况	
		底座安装情况	底座水平度、地板托板的情况，底座在设备机房的位置情况，底座的标高与装修的协调情况均符合规范要求	
		底座连接和接地	固定锚栓及连接情况，底座与设备孔位的预留符合要求	
	地板下线槽安装	线槽的规划	控制线线槽与电源线线槽的规划应合理，与配电箱的连接情况符合要求	
		线槽安装	线槽的转角处理应满足弯曲半径要求，连接可靠，与爬架、配电箱均能无缝连接，特殊点处理恰当，线槽穿墙处理符合要求	
		线槽接地处理	齐全和规范	
		成品保护和防火封堵	没有缺陷	
	设备安装	机柜外观情况	搬运时不能拆外包装，所有机柜无变形，漆饰完好，机柜门锁、底板隔板等配件齐全	
		机柜固定	机柜与底座有四处螺栓固定，连接螺栓紧固。一列机柜正面排列整齐，机柜端正，机柜间缝隙均匀，必要时上端有连接	
		技术资料和备品备件	齐全，有专人保管，建台账，钥匙齐全	
机房设备配线	设备配线	配线绑扎	绑扎符合规范要求，整齐无明显交叉	
		配线标识	临时标识明确、清楚；正式标识规范、统一，防水防破坏	
		成端余留	机房内光电缆余留恰当，端子配线余留符合规范要求	
		成端工艺	成端压接可靠、工艺规范、符合要求，排列整齐	
		配线测试记录	配线按清册台账敷设，成端后有测试记录，记录齐全	
		配线清册台账	配线系统图、记录台账在机柜内有标识	
	设备标识	临时标识	清楚、明确	
		设备正式标识	规范，符合要求	
	防火封堵	吊顶内穿墙洞封堵	规范	
		地板下穿墙洞封堵	规范	

续上表

分部名称	分项名称	检查内容	检查标准	检查评定
机房设备配线	防火封堵	地板下穿楼板洞封堵	规范	
		钢管口封堵	规范	
		机柜底板处封堵	规范	
	成品保护	机房卫生	地板下、地面、机柜内、机房防潮，机房门锁管理规范	
质量检查评价及整改意见	检查人：　　日期：			

第4章　乘客信息显示系统(PIS)设备安装工艺

4.1　工程概况

西安地铁乘客信息显示系统(PIS)可为乘客提供列车时间信息、政府公告、出行参考、股票信息、媒体新闻、广告等实时多媒体信息。在火灾、阻塞及恐怖袭击等情况下,提供动态紧急疏散指示,为轨道交通安全运营提供可靠保障。在车站区域分别设置LCD及LED屏作为乘客服务信息使用。

4.1.1　系统构成

PIS系统由控制中心子系统、车站子系统和车载子系统组成。

1. 控制中心子系统

控制中心子系统设备主要由中心交换机、中心数据服务器、磁盘列阵、接口服务器、协议转换服务器(与接口服务器合设)、视频流服务器、工作站(发布、预览、监看、媒体编辑、系统管理)、安全设备、直播服务器等设备及配套软件组成。上述设备中,除工作站采用桌面安装外,其他设备均安装在PIS设备机柜中。地铁4号线PIS分中心核心交换机通过骨干传输网提供的以太网通道与2号线总编播中心交换机,以及既有线PIS系统交换机互联,实现电视直播信号传输,PIS其他信息资源的共享。4号线PIS分中心交换机通过4号线专用传输系统提供的千兆以太网通道与本线各车站的交换机互联。

2. 车站子系统

车站子系统的主要设备包括车站交换机、车站数据服务器、LCD显示器及播放控制器、LED双基色屏及控制器、LED动态导向标示,查询机及有关软件等。

车站交换机、车站服务器及显示屏控制器安装在通信设备室PIS机柜内。显示屏设置在车站站厅、站台、出入口区域,主要包括LCD显示屏、LED双基色显示屏、查询机和动态导向屏。

3. 车载子系统

车载子系统包括车载显示系统和车载视频监控系统,主要由司机触摸显示屏、

LCD 播放控制器、视频服务器、司机控制机柜电源、车载网络交换机、司机室摄像头、TCMS 接口模块、RS232 接口模块、客室控制机柜电源、车厢网络交换机、媒体播放器、视频分配器、客室摄像头、VGA 信号转换器、车厢内设备间连接线缆、车厢间连接专用连接器等设备及相关管理软件构成。

4.1.2　电源的供给与接地

乘客信息系统的机柜设备用电由通信 UPS 电源提供,各类显示屏查询机用电由车站通信设备室内的通信交流配电屏(一次配电)提供。

新增 LED 导向屏的电源均不纳入 4 号线 UPS 负载,但需由 4 号线车站专用通信电源系统提供三相用电回路(市电),并由 PIS 系统新增机柜内新增 LED 导向屏的电源分配。

4.2　PIS 系统施工特点

车站外围施工时,首先进行各站外围终端准确定位、保护管配备(需考虑吊顶高度)、线缆敷设及测试、车站 LCD 及 LED 显示屏安装。车站机房施工包括机柜底座安装、机柜安装、柜内设备安装、柜内配线、加电(单体)调试和与专用通信联调。

(1)地铁施工现场空间狭窄,多专业、多系统并行,交叉施工严重。车站 PIS 施工结合装修进度进行,施工应考虑到避免与其他系统专业的冲突及与整体装修效果的结合。例如:在地下站站台层,受风管安装影响,PIS 固定底座安装则需与机电装修专业沟通协调,确定 PIS 屏幕安装相关事宜。

(2)PIS 屏幕吊挂架的多样性。在地铁站厅、站台吊挂 LCD 屏,出入口及站厅付费区设壁挂式 LED 屏,必须要灵活处理,根据不同的现场情况制作不同形状的支架。

1)LCD 屏吊挂件分为标准杆和异形杆。

2)出入口梯眉处 LED 屏采用预埋角钢作为支撑件悬挂。站厅 LED 与 LCD 屏的吊架方式相同。

4.3　施工流程及工艺要点

地铁乘客信息显示系统施工分为室内设备安装(控制中心、车站)、外围设备安装(LED 屏及 LCD 屏)两大部分。

4.3.1　室内设备安装工艺流程

施工工艺流程如图 4-1 所示。

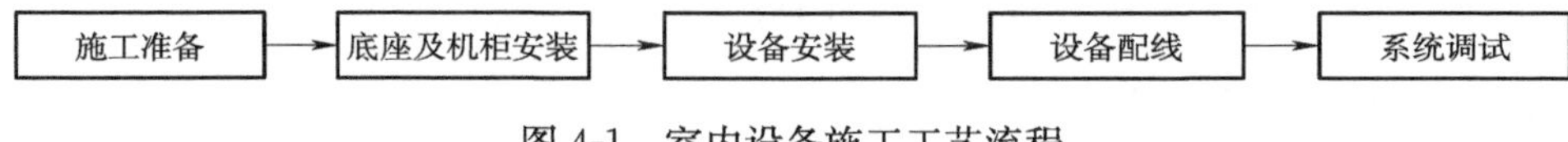

图 4-1　室内设备施工工艺流程

1. 车站 PIS 系统机房施工工艺

(1)施工准备

工机具准备:电锤、电钻、膨胀螺栓、水平尺及通信施工常用工具。

技术准备:设计图纸、设备安装清单、技术交底。

(2)底座及机柜的安装

地铁通信施工中,专用机房内所用设备底座统一安装。

(3)设备安装

机柜固定完毕,机房具备安装条件后可进行柜内设备的安装。

西安地铁 1 号线一般车站 PIS 柜内设备包括总 HDMI 收发器、LED 播控器、LCD 播控器、KVM、服务器、交换机、光缆成端单元、电源空开等。设备安装应严格按照设计图纸,先规划好各设备安装位置,然后安装需要配线的设备,固定牢靠,保证配线工作正常进行。具备加电条件时再安装其他设备,以便做好成品保护和防止丢失。设备间应有间隔,保证设备运行散热。

(4)设备配线

1)机柜内主要配线包括三部分:一是光纤成端;二是机柜各交换机及服务器内配线,以及综合监控室的互联数据线缆;三是机柜地线、设备电源线以及传输连接网线。

2)所用线缆统一制作标签及配线台账,标签采用机打刀型标签,内容明确,网线和电源线标签需标明分区,网线、光纤及控制线标明线缆起始及终端,标签粘贴在离终端头 10～15 cm 处,粘贴牢固,方向一致。

3)配线要点:结合系统图和线缆清册,认真检查核对柜内线缆分区标识和放线数量,以免错放漏放线缆。弄清设备各接口的功能。线缆进入机柜时,在机柜下方弯曲适度,数据线和电源线沿机柜两侧分别绑扎,绑扎应牢固,绑扎线扣间距均匀一致。机柜通过以太网接口与传输系统连接。机柜自身、设备以及扬声器电源线屏蔽层接地,避免干扰。电源线、地线应采用压接接线端子方式成端。

站内 PIS 机柜配线如图 4-2 所示。

(5)设备单机调试

调试前应向供货商介绍设备安装情况,配合检查安装质量。调试中接受供货

图 4-2　站内 PIS 机柜配线

商的技术督导，咨询有关技术问题，澄清所有疑问。配合供货商做好设备的调试、测试和功能试验，并准确真实地做好测试记录。

(6)PIS 系统调试

PIS 系统与通信系统联调，包括与传输系统、时钟、视频系统的联调；PIS 需与综合监控及信号系统联调。

2. 控制中心机房设备安装

(1)施工准备

参见车站 PIS 系统机房施工准备。

(2)底座及机柜的安装

参见车站 PIS 系统机房施工工艺中相关内容。

(3)设备配线

1)线缆布放。

①线缆布放前根据系统设计图纸做好线缆清册，对施工人员进行技术交底。

②中心 PIS 机柜通过单模光缆与中心通信传输系统相连。通过以太网通道与中心通信系统相连。布放网线至 CCTV 机柜，以实现车载视频监控功能。PIS 系统通过以太网接口与综合监控联网，实现综合监控对本系统的控制。系统网管通过以太网接口与时钟系统联网，实现时钟系统为本系统提供统一的时间信号。

③中心 PIS 编辑室设有预览工作站、查询机信息发布工作站、播出监察工作站、媒体编辑工作站 4 站与 1 台打印机，各控制台通过以太网接口与 PIS 机柜联

网，实现对全线 PIS 系统实时监控和控制。

2)机柜配线。

①控制中心 PIS 机柜内设备包括总电源控制器、交换机、无线控制器、解码器、服务器、接线箱。

②机柜内主要配线包括三部分：一是光纤成端；二是机柜各交换机及服务器内配线，综合监控室、CCTV 柜的互联数据线缆；三是机柜地线、设备电源线以及传输连接网线。

③所用线缆统一制作标签及配线台账，标签采用机打刀型标签，内容明确，广播和噪声传感器电源线标签需标明分区，网线、音频线及控制线标明线缆起始及终端，标签粘贴在离终端头 10～15 cm 处，粘贴牢固，方向一致。

④结合系统图和线缆清册，认真检查核对柜内线缆分区标识和放线数量，以免错放漏放线缆。弄清设备各接口的功能。

⑤线缆进入机柜时，在机柜下方弯曲适度，数据线和电源线沿机柜两侧分别绑扎，绑扎应牢固，绑扎线扣间距均匀一致。

⑥机柜通过以太网接口与传输系统连接。

⑦机柜自身、设备以及扬声器电源线屏蔽层接地，避免干扰。电源线、地线应采用压接接线端子方式成端。

(4)调试

参见车站 PIS 系统机房施工工艺中相关内容。

4.3.2 车站室外设备安装工艺流程

车站外围施工时，首先进行各站外围终端准确定位、保护管配备(需考虑吊顶高度)、线缆敷设及测试、车站 LCD 及 LED 显示屏安装。

1. 车站 LCD 屏安装

施工流程：现场精确定位→吊杆长度测量→设备线缆保护管配备→线缆敷设→吊杆及背架安装→LCD 屏安装及校准→线缆测试→加电调试。

(1)站厅 LCD 定位

1)售票亭 LCD 显示屏。该显示屏吊装在售票亭窗口上方装修吊顶下，避开售票亭导向，如图 4-3 所示。

2)售票机 LCD 显示屏。该显示屏吊装在售票机上方装修吊顶下，如图 4-4 所示。

3)吊装在两侧闸机的 LCD 屏。该显示屏吊装在两侧闸机范围内两个上下站台楼梯的中间位置，视直梯遮挡情况横向调整，如图 4-5 所示。

图 4-3　站厅售票厅处 LCD 显示屏

图 4-4　售票机 LCD 显示屏

图 4-5　吊装在两侧闸机的 LCD 屏

(2)站台 LCD 定位

1)站台每侧 3 组 LCD 双屏应均匀分布,分别吊装在两侧站台中心和站台两头楼梯口前方。

2)每组 LCD 屏应尽量安装在支撑立轴(或楼梯外墙)至屏蔽门挡墙的中心位置,每侧三组屏横向位置相同,纵向成为一条直线。

3)两侧站台屏横向及纵向安装位置应该对称。

4)测量吊杆时,首先定位站台中间的两组 LCD,此处管线较少,可以加工为标准吊杆,然后以此位置为基准点,去定位首尾两屏的位置,其余四组吊杆均加工为异形可滑动吊杆。

站台 LCD 屏如图 4-6 所示。

(3)出入口通道 LCD 定位(图 4-7)

LCD 显示屏吊装在通道拐角处醒目位置,避开文化墙。注意做好吊杆定测台账。站厅层尽量加工为可调节的标准吊杆。

图 4-6 站台 LCD 屏

图 4-7 安装在出入口通道的 LCD 屏

(4)设备线缆保护管配备

LCD 屏共配备两根钢管,分别布放电源线及光缆。钢管与桥架连接处高度应与桥架敲击孔平齐。车站外围钢管径路应保证横平竖直、整体美观,尽量避开障碍物。保护管径路选择应结合桥架主干路位置选取最短径路,确定与桥架开孔连接部位。终端钢管与金属软管连接位置的选取应保证金属软管使用量不超过 1.0 m 范围内。外围终端设备配管前应提前根据各类终端设备的功能不同进行整体规划,以终端设备的明确安装位置为依据对保护管进行规划。

(5)吊杆及背架安装

1)导乘屏支架在厂家配备标准或异形支架,吊顶上部支架高度可调。现场确定安装位置后,将上部支架用锚卡螺栓固定在顶墙上,再将厂配标准下部支架同上部支架牢固连接起来。吊架安装在站台时,同侧站台安装必须保持在同一条直线上。车站 LCD 吊杆及背架安装示意及实物如图 4-8、图 4-9 所示。

2)LCD 屏在安装时,导乘屏与吊杆的夹角为 15°,确保乘客的观看效果。视频转换器与电源模块需要单独制作箱盒,箱盒固定在吊顶以上的吊杆上,从转接盒引出的电源线及信号线顺着吊杆进行绑扎,绑扎完毕后使用塑料套管进行防护。完成后将所有线缆接入 LCD 屏。

3)LCD 屏光缆,要认真做好光缆成端并测试,做好光缆盘留和隐蔽固定,采取可靠措施做好现场成品保护。建议采用成品光缆,提高现场光纤成端的可靠性。

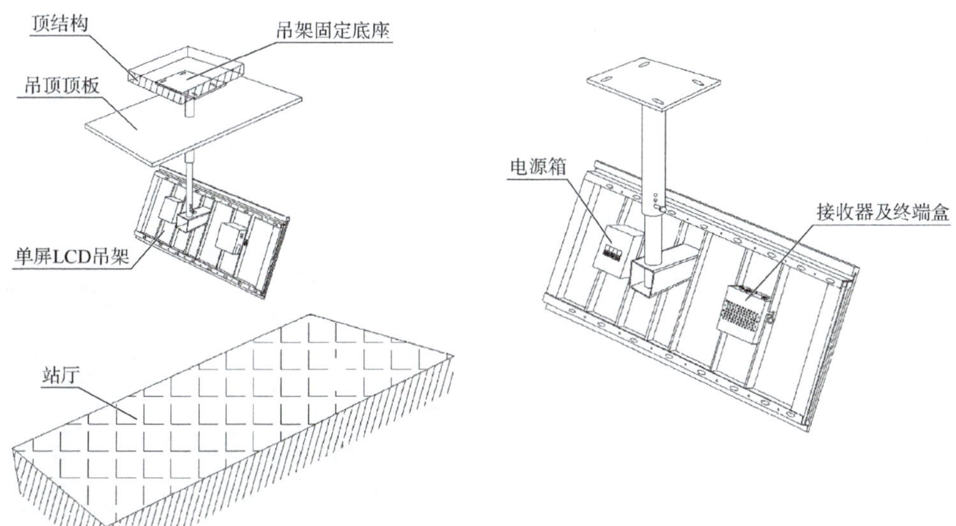

图 4-8　车站 LCD 吊杆及背架安装示意图

图 4-9　已安装好的 LCD 背架

4)线缆配线完成要贴每个屏的标签。

(6)线缆测试

电源线测试:使用万用表对电源线进行对号测试;使用摇表进行绝缘测试。做好测试记录。

光纤测试:使用 OTDR 对光纤进行测试,做好测试记录。

网线测试:使用对线器对网线进行测试,做好测试记录。

(7)单机调试

参见车站 PIS 系统机房施工工艺中相关内容。

2. 车站 LED 屏安装

(1)LED 显示屏吊装方法

挂装方式的实现:在两个一级吊杆底座打 8 个 M10 六角螺栓,安装高度为屏底边距装修地面 2.5 m。LED 显示屏吊装示意及实物如图 4-10 所示。

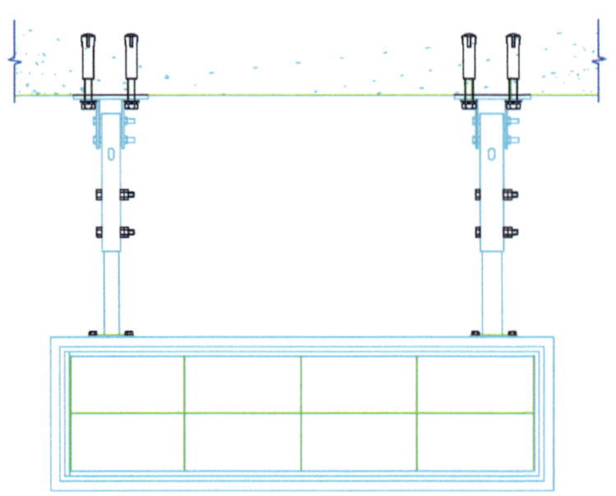

图 4-10 LED 显示屏吊装示意及实物

进站口显示屏在安装前需先检查墙体预埋的 M10 螺杆凸出于墙面的长度是否在图示要求的范围内,如果长度大于该范围则需将多余部分截掉。在安装过程中使用水平尺检验屏体的水平度和垂直度,并进行相应调整。安装完成后要求显示屏的水平度≤2 mm,垂直度≤2 mm。

(2)出入口 LED 屏安装

出入口 LED 显示屏安装示意如图 4-11 所示。

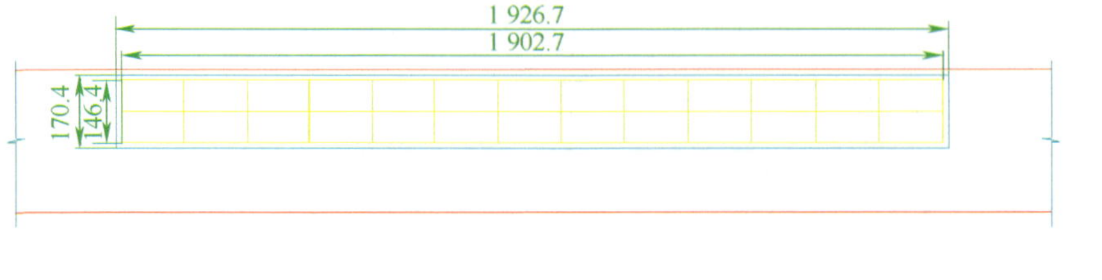

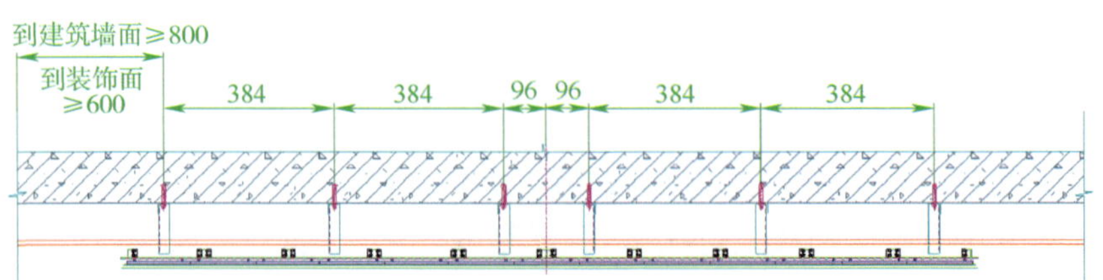

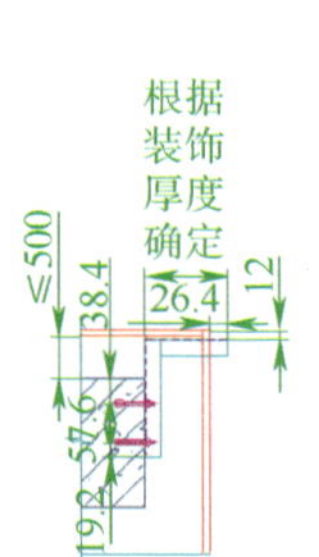

图 4-11 出入口 LED 显示屏安装示意图(单位:mm)

出入口梯眉处设置双基色 LED 显示屏，采用壁挂方式安装，根据安装高度在装修大理石前打 6 个梯眉预埋件，安装后屏体顶部与装修完成面上沿平齐，有的出入口需与装修面下沿平齐，如图 4-12、图 4-13 所示。

图 4-12　出入口 LED 屏与装修面上沿平齐

图 4-13　出入口 LED 屏与装修面下沿平齐

3. 车站查询机安装

施工流程：现场精确定位→设备线缆保护管配备→线缆敷设→打眼并安装化学锚栓→查询机安装及校准→线缆测试→加电调试。

在车站站厅公共区域安装 1～2 台 42 in 查询机，采用落地方式，如图 4-14 所示。

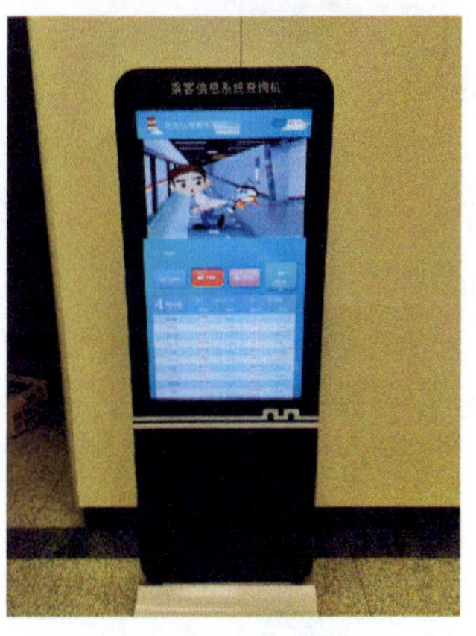

图 4-14　查询机

4.4　质量控制

4.4.1　易出现的质量问题

1. 吊杆安装垂直度

导乘屏吊杆在安装时，必须严格保持与地面垂直，否则待导乘屏安装完毕后，会出现明显的偏斜，影响观看效果。

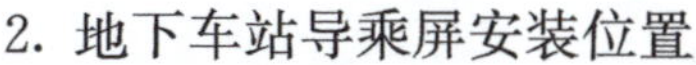

2. 地下车站导乘屏安装位置

地下车站由于结构复杂，所有站样式不能做到完全统一，因此在现场定位时，还要结合现场情况进行定位，尽量做到左右对称、列对齐。建议站台的 PIS 屏均采用可调节的门型吊架，做到安装美观，保持乘客观看效果。

安装过程中，易出现安装高度偏差，安装位置不符合要求等问题。需严格按照技术交底，结合现场管线位置，规划出最优安装方案。

3. 线缆接头

导乘系统由于各类线缆较多，安装线缆接头时，必须严格按照相应的作业指导书进行，做到盘留整齐，固定可靠，隐蔽得当。接头工艺良好，制作完毕后需要全部进行测试，确保线缆连接良好的，特别是光纤、尾纤的制作工艺和测试一定要加强。

(1)电源线 T 接

外围终端设备电源线接头采用 T 接方式。需在图纸上提前规划好电源线 T 接位置，严格执行。布放完主干电源线后，及时在 T 接位置布放分歧电源线，做好标记工作。

(2)光缆成端及测试

外围 LCD 光缆熔接易出现质量不高，疏于测试环节，故障点较多等情况。安装时强化光功率计测试环节，做好纸质版测试记录。

(3)网线水晶头制作

常会出现水晶头成功率较低的问题。使用对线器即完即测，保障水晶头制作成功率百分之百。

4.4.2 保证措施

(1)坚持设计文件图纸分级会审和技术交底制度。

(2)技术交底到位，编写施工作业指导书，下发到作业班组，并组织全部施工人员进行工序施工前培训，领会交底书、作业指导书内容及相关规范要求，做到工作有据可依。

(3)坚持样板示范制，做到提前完善施工方案和工艺，操作人员操作规范，工艺良好，明确施工质量责任，保证工艺统一。

(4)技术人员必须在每道工序施工前交底，过程中检查，完成后根据规范验收，并填写检查记录。

(5)技术交底书、作业指导书、施工组织设计文件必须进行复核、审核、批准手续后才可签发。

第5章　广播系统设备安装工艺

5.1　工程概况

5.1.1　系统结构

广播系统是地铁通信系统中的一个专用子系统，该系统由中心级和车站级广播系统构成。中心级和车站级广播系统通过传输系统连接。

中心级广播系统主要包括广播机柜、网管终端、广播后备操作台及音频话筒。车站级广播系统包括车站、停车场、车辆段广播设备。车站级广播主要包括通信设备室的广播机柜，车控室的广播后备操作台及音频话筒，室外的扬声器、噪声传感器、无线广播天线；停车场、车辆段广播系统主要包括设备室的广播机柜、DCC的广播操作台、运用库内的广播音箱、音频插播盒。

停车场、车辆段扬声器设成一个播音区。一般车站扬声器按站厅公共区（站厅公共区按两个回路设置，按列间隔，含出入口通道）、上行站台公共区、下行站台公共区、设备区五个广播分区设置。

5.1.2　广播系统接口

中心级广播设备通过以太网接口与综合监控系统（ISCS）联网，实现ISCS对本系统的控制。车站广播设备通过以太网接口与综合监控系统（ISCS）联网，实现ISCS对本系统的控制。

西安地铁广播系统和综合监控通过以太网接口互联，广播系统作为一个独立的监控系统存在，具有自己独立的服务器，综合监控系统通过接口完成与广播系统的交互，如读取广播设备状态信息、报警信息等。

5.2　广播系统施工特点

地铁施工现场空间狭窄，多专业、多系统并行，交叉施工严重。车站广播安装施工结合装修进度进行，施工应考虑与其他专业的冲突及与整体装修效果相结合。例如：设备区走廊吸顶广播安装时，应注意与照明灯及烟感等其他专业终端设备的间距，保证整体装修效果的美观。

车站广播安装数量较大，点位多，公共区广播定位应整体规划，横成排、竖成列，安装时保证广播在可视范围内，以便竣工验收清点数量。

广播采用总线方式并联连接，主线采用"手拉手"方式将广播连接起来，由于接线点位比较多，所以在布放线缆时必须做好主线标签，主线布放完成后要及时连接分歧广播线，原则上由放主线人员接线。

5.3 施工流程及工艺

地铁广播系统施工分为三大部分：车站、控制中心、车辆段和停车场。

5.3.1 车站广播系统施工工艺

1. 车站广播系统构成

车站广播系统构成如图 5-1 所示。

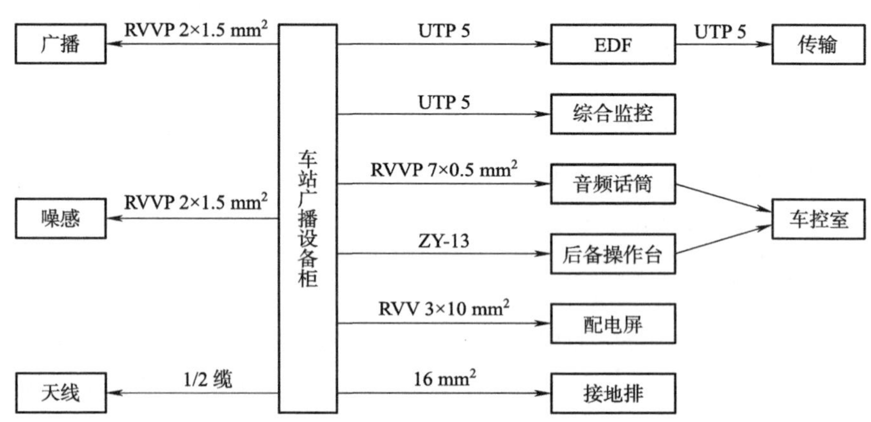

图 5-1 车站广播系统

从图 5-1 可以看出，车站广播系统施工分为机房内和外围施工两部分。

2. 室内设备安装流程

室内设备安装流程如图 5-2 所示。

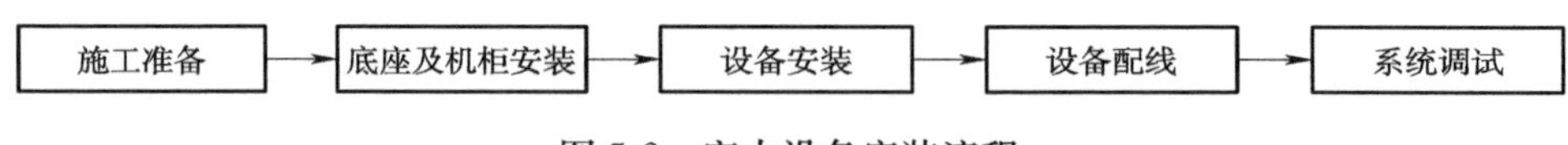

图 5-2 室内设备安装流程

(1)施工准备

工机具准备：电锤、电钻、膨胀螺栓、水平尺及通信施工常用工具。

技术准备:设计图纸、设备安装清单、技术交底。

(2)底座及机柜的安装

地铁通信施工中,专用机房内所用设备底座统一安装。

(3)设备安装

机柜固定完毕,机房具备安装条件后可进行柜内设备的安装。

西安地铁 4 号线一般车站广播柜内设备自上而下包括总电源控制器、可编控制器、小信号机箱、控制机箱、功率放大器、大信号机箱及接线箱。设备安装应严格按照设计图纸,先规划好各设备安装位置后再安装需要配线的设备,固定牢靠,保证配线工作正常进行。具备加电条件时再安装其他设备,以便做好成品保护和防止丢失现象。设备间应有间隔,保证设备运行散热,如图 5-3 所示。

图 5-3　标准车站广播机柜

(4)设备配线

广播机柜内主要配线包括三部分:一是外围广播及噪感电源线、广播天线 1/2 缆;二是车控室广播控制台的音频和控制线缆,以及综合监控室的互联数据线缆;三是机柜地线、设备电源线以及传输连接的网线。

外围广播及噪感电源线接入大信号机箱背侧相应接线端子,广播天线线缆接入无线接收器,车控室广播控制台音频和控制线缆接入控制机箱的控制盒中,与综合监控及传输连接的网线接入小信号机箱。

所用线缆统一制作标签及配线台账,标签采用机打刀型标签,内容明确,广播和噪感电源线标签需标明分区,网线、音频线及控制线标明线缆起始及终端,标签粘贴在离终端头 10～15 cm 处,粘贴牢固,方向一致。

配线要点：结合系统图和线缆清册，认真检查核对柜内线缆分区标识和放线数量，以免错放漏放线缆。弄清设备各接口的功能。线缆进入机柜时，在机柜下方弯曲适度，数据线和电源线沿机柜两侧分别绑扎，绑扎应牢固、绑扎线扣间距均匀一致。广播机柜通过以太网接口与传输系统连接。机柜自身、设备以及扬声器电源线屏蔽层接地，避免干扰。电源线、地线应采用压接接线端子方式成端。

(5)系统调试

单机调试前应保证所有设备配线正确及线缆测试完成并有测试记录，配合厂家做好设备的单机(站)加电调试和检测，无误后进行功能测试。

系统联调由地铁公司组织，设备集成商为主体实施，施工方需做好施工配合工作。系统联调前需将广播系统与传输系统、综合监控系统等系统间的接口硬件连接无误，数据配置正确，系统联网正常，之后可进行全网联合调试工作。

3. 室外终端安装流程

室外终端安装流程如图 5-4 所示。

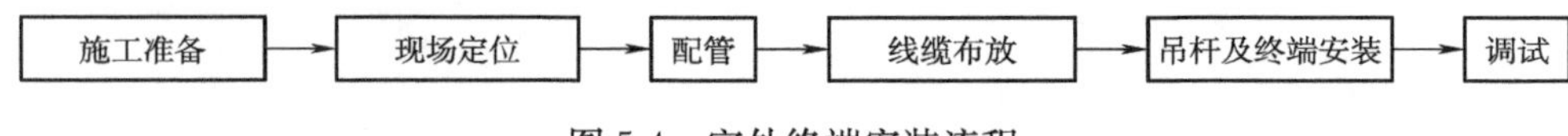

图 5-4　室外终端安装流程

(1)施工准备

工机具准备：电锤、角磨机、曲线锯、榔头、扳手、标签及通信常用工具。

材料准备：线缆、$\phi 8$ 通丝吊杆、接线端子、绝缘胶带、扎带。

技术准备：车站外围管线图、技术交底、线缆清册。

(2)现场定位

1)公共区广播一般为栅格吊顶，定位应依据外围终端布局图纸结合桥架安装位置，桥架附近广播尽可能利用桥架横担或吊杆安装，分布均匀，横成排，竖成列，安装于栅格内。设备区广播一般为吸顶安装，应居中安装在吊顶板正中位置，按设计要求分布均匀，与其他装修终端在一条直线上，保证各个角落声音覆盖良好。

2)设备房内壁挂广播应贴吊顶，建议距地面 2.8 m。

3)噪感安装在站台、站厅上下楼梯附近。

4)通道广播应根据吊顶方式安装，吊顶为栅格时安装于栅格内，吊顶为铝板时吸顶安装。

(3)配管

钢管两端应套丝，与桥架连接处用螺母锁紧，电气连接；出线端应加金属底盒，用螺母锁紧且电气连通，信息盒出线口与广播安装位置间隔一定距离(建议 10 cm)，保证线缆套金属软管后能平滑接入广播，并将软管用扎带与吊杆固定。

钢管与桥梁、信息盒连接如图 5-5、图 5-6 所示。

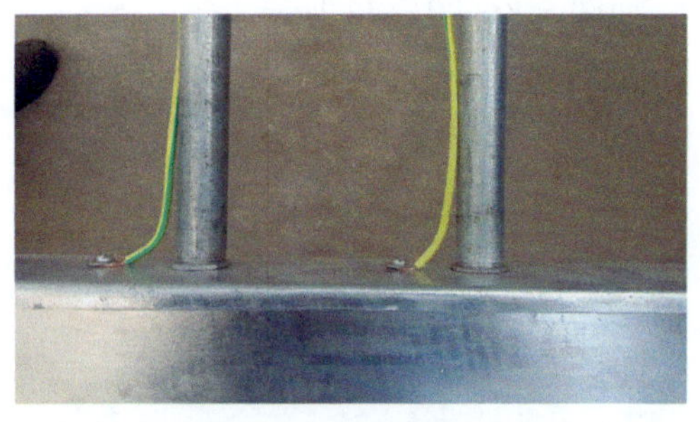

图 5-5　钢管与桥架连接

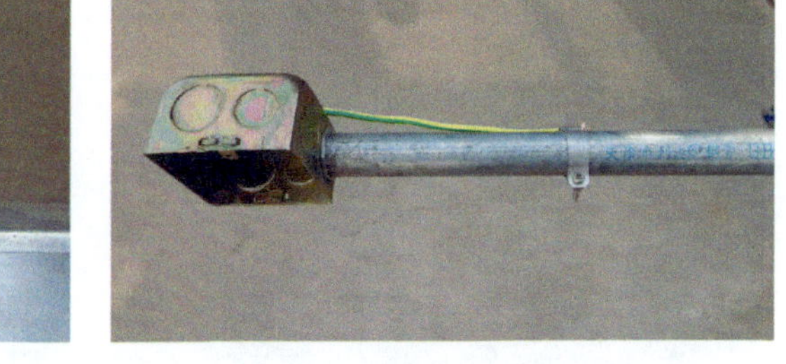

图 5-6　钢管与信息盒连接

(4)线缆布放

1)车站外围终端包括广播、噪感、广播天线、后备操作台、音频话筒。布放线缆应和系统设计图一致。一般广播布放 RVVP2×1.5 mm^2 电源线，分站台左线、右线、站厅一路、二路、设备区 5 区布放；噪感布放 RVVP2×1.5 mm^2 电源线，站台(2 个)、站厅(2 个)分别为一路；广播天线布放 1/2 缆，标准站站台 2 付天线，侧式站台 2 付天线；音频话筒和后备操作台分别布放 RVV7×0.5 mm^2 和 ZY-13 线缆。

2)广播采用总线方式并联连接，分支采用“T”接方式接入主线。所以在布放线缆时必须做好主线标签，主线布放完成后要及时连接分歧广播线，原则上由放主线人员接线。

3)接分歧时采用扭力端子(图 5-7)，注意屏蔽线一定与芯线分开，因为接线点位比较多，如果有一处屏蔽线与芯线连接，都可能导致系统无法正常调试，广播无法播音且故障处理非常麻烦。

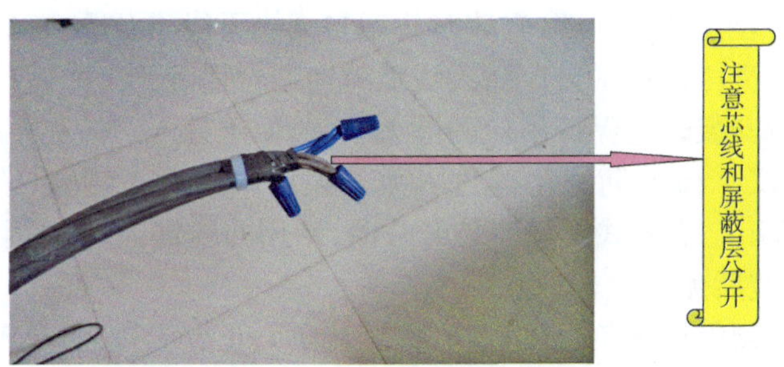

图 5-7　分歧接线图

(5)吊杆及终端安装

公共区安装吸顶广播，吊顶为栅格时，广播安装高度应高于吊顶 10 cm；吊顶为铝板时应嵌入式安装，与吊顶面在同一表面；设备区有吊顶处，采用嵌入式安装方式，无吊顶处应尽量利用周围已有吊杆安装，但严禁直接用通丝吊杆挂在桥架上面；设备房内广播采用壁挂广播，贴顶安装。如图 5-8～图 5-11 所示。

图 5-8 公共区广播安装

图 5-9 设备区广播安装

图 5-10 设备层广播安装

图 5-11 壁挂广播安装

噪声传感器安装高度为吊顶上 10 cm。系统可根据噪声传感器反馈的环境噪声自动调整广播音量。

广播天线安装在站台中部，安装时注意与无线天线隔开距离，避免干扰。站台值班客运服务人员可通过站台广播天线随时向站台播音。

公共区吊杆安装时应保证吊丝两端无毛刺，便于拧入广播连接螺栓，吊丝拧入长度应适度(建议 1 cm)，防止吊丝进入太长破坏广播内部结构，导致无法正常播音，如图 5-12 所示。嵌入式广播安装开孔时，采用曲线锯，开孔大小应小于广播外径，保证广播安装后无缝隙，美观。

广播接线必须保证正负极接正确(棕正蓝负)，正极应接入“3 W”功率端子，接线时注意卡线端子铜片是否脱落，保证芯线与铜片连接良好。如图 5-13 所示。

广播控制台、后备盒安装在车控室 IBP 盘台面的最右端，用于车站值班员进行广播。

(6)调试

广播调试前，必须用万用表进行测试，阻值达到标准(4 号线为 5 Ω 以上)才可加电播音。

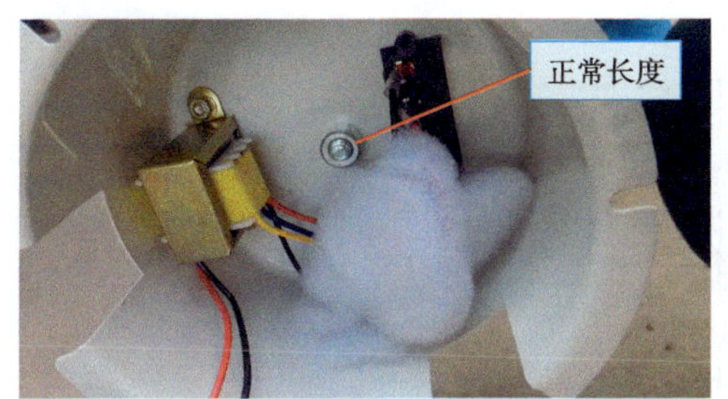

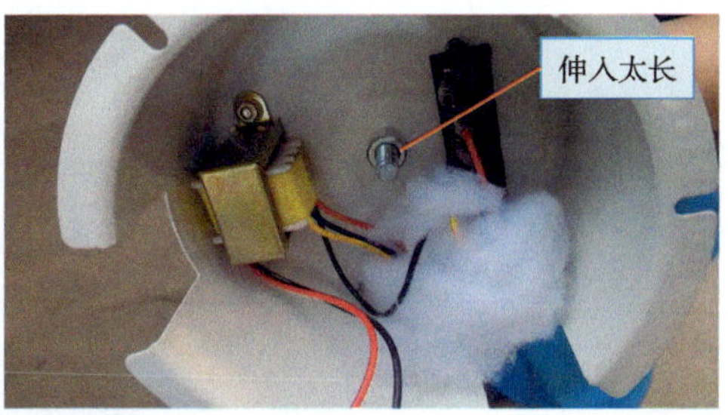

图 5-12　通丝吊杆伸入广播长度对比图

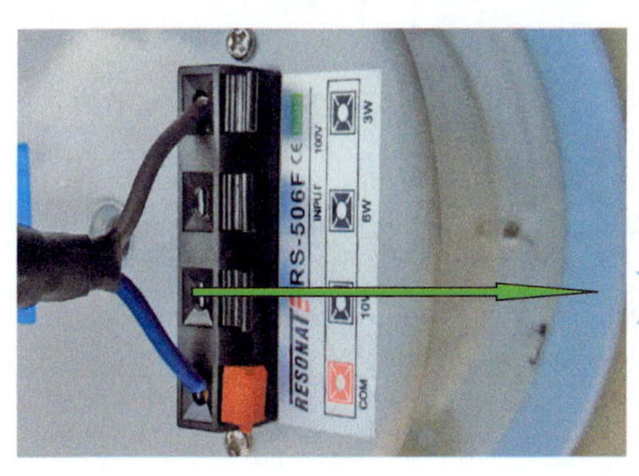

图 5-13　广播接线

广播采用分区调试方式，这样便于检查故障点。

广播调试时应持续播音 1 小时以上，观察各个功率放大器的温度变化，如有温度持续上升最后导致短路的，考虑该区广播某分歧处有芯线和屏蔽层连接现象。

5.3.2　控制中心广播系统施工工艺

1. 控制中心广播系统构成

控制中心广播系统构成如图 5-14 所示。

控制中心广播系统主要由通信设备室广播机柜、综合网管室网管终端、控制室音频话筒及后备操作台组成，中心广播系统与车站、车辆段及停车场广播系统通过传输网络提供通道连接。广播系统在中心的主要施工包括线缆布放和室内终端设备安装。

2. 施工流程及工艺

中心广播系统施工流程如图 5-15 所示。

(1)施工准备

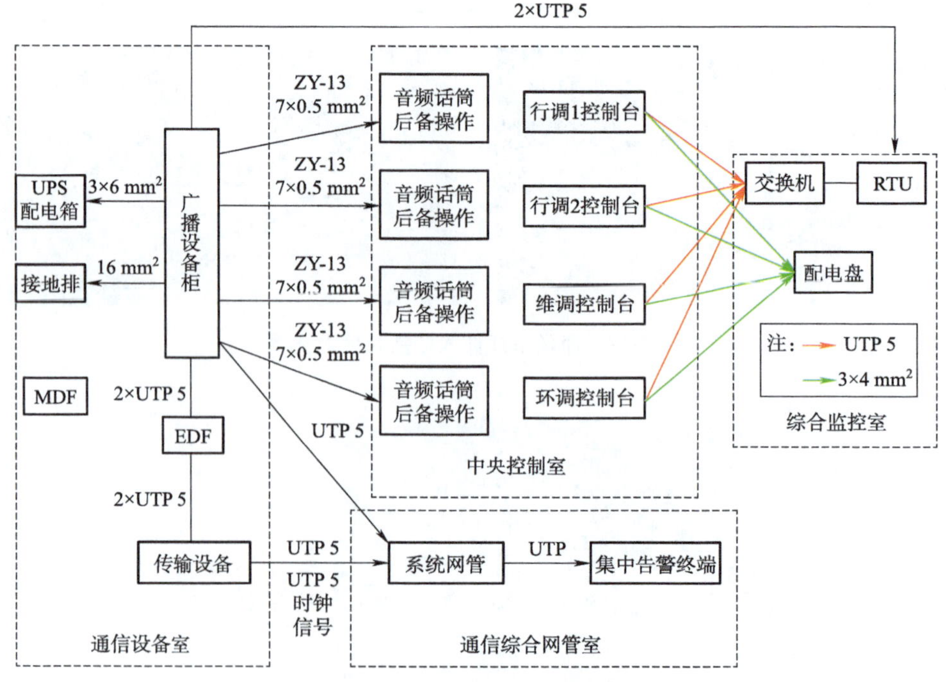

图 5-14　控制中心广播系统

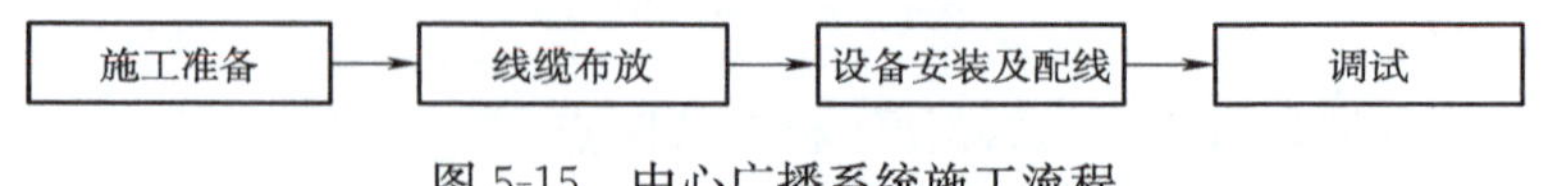

图 5-15　中心广播系统施工流程

工机具准备：通信施工常用工具。

技术准备：系统图纸、线缆清册、技术交底、设备安装清单。

(2)线缆布放

线缆布放前根据系统设计图纸做好线缆清册，对施工人员进行技术交底。

中央控制室设有行调控制台、维调控制台、环调控制台，各控制台通过以太网接口与综合监控系统联网，实现对广播系统实时监控和控制。每个控制台配有一套音频话筒和后备操作台设备，通过布放 $7\times0.5\ mm^2$ 和 ZY-13 线缆与广播机柜连接，实现全线广播播音和控制。广播系统通过以太网接口与综合监控联网，实现综合监控对本系统的控制。系统网管通过以太网接口与时钟系统联网，实现时钟系统为本系统提供统一的时间信号。

(3)设备安装及配线

控制中心广播机柜内设备自上而下包括总电源控制器、小信号机箱、控制机箱、接线箱。

参考车站广播柜内设备安装及配线。

(4)调试

设备安装和配线完成后，配合厂家进行单机调试，无误后，可进行全线广播系统调试。

5.3.3　车辆段及停车场广播系统施工工艺

1. 车辆段及停车场广播系统构成

停车场广播系统如图 5-16 所示。

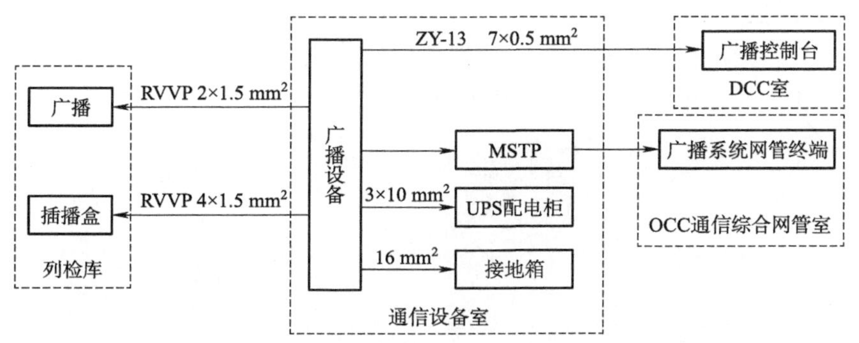

图 5-16　停车场广播系统

注：车辆段比停车场多一路广播和两个插播盒。

停车场及车辆段广播系统主要由通信设备室广播机柜、DCC 设备室广播控制台及列检库内广播和插播盒组成。广播系统通过传输通道与 OCC 系统网管终端联网。

2. 施工流程及工艺

停车场广播系统施工流程如图 5-17 所示。

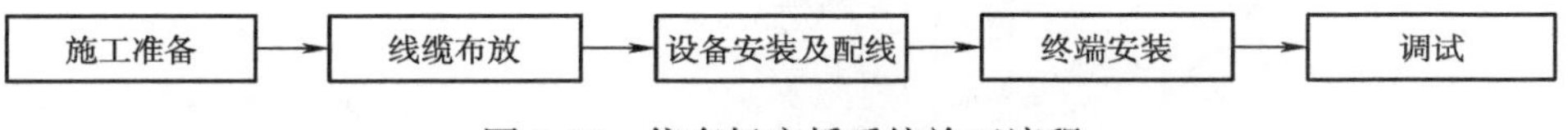

图 5-17　停车场广播系统施工流程

(1)施工准备

工机具准备：电锤、移动脚手架、通信施工常用工具等。

技术准备：设计图纸、线缆清册、技术交底、设备安装清单。

(2)线缆布放

线缆布放前根据系统设计图纸做好线缆清册，对施工人员进行技术交底。

停车场列检库内广播分为 4 路(车辆段 5 路),布放 4 条主线(RVVP2×1.5 mm^2)至广播机柜,各路内广播通过“T”方式接入主线;插播盒为 1 路,布放 1 条主线(RVVP4×1.5 mm^2)至广播机柜,通过“T”方式接入主线。DCC 设备室设有 1 台广播控制台,布放 1 条 ZY-13 线缆和 1 条 7×0.35 mm^{2}线缆至广播机柜。

(3)设备安装及配线

1)停车场广播机柜内设备自上而下包括总电源控制器、可编程控制器、控制机箱、功率放大器、大信号机箱、接线箱(车辆段比停车场多一路广播,相应多一功率放大器)。

2)参考车站广播柜内设备安装及配线。

(4)终端安装

1)列检库内广播和插播盒环库内墙壁均匀分配,广播安装高度大于 4.5 m,插播盒高度 1.5 m。如图 5-18、图 5-19 所示。

图 5-18　列检库内广播

图 5-19　插播盒

2)插播盒按色谱对应接线,如图 5-20 所示。

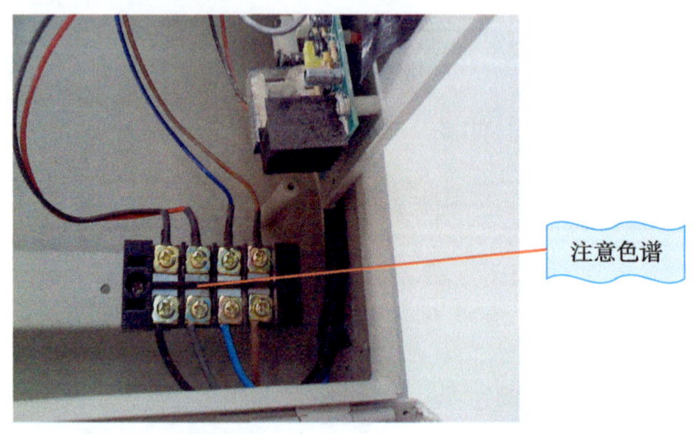

图 5-20　插播盒接线

3)广播安装时应避开接触网连接处。

(5)调试

设备安装及配线完成后配合厂家进行调试,广播应分区调试。

5.3.4　质量控制

质量控制点见表 5-1。

表 5-1　质量控制点

区　域	质量控制点	质量标准
室内设备	线缆绑扎	数据线和电源线分开绑扎,绑扎均匀
	接地	机柜、柜内各设备、广播线屏蔽层接地,地线压接线端子
	标签	采用机打标签,内容准确清晰,粘贴牢固、美观
室外安装	配管	钢管两端套丝、无毛刺,钢管与桥架、信息盒用螺母锁紧并电气连通
	分歧	用接线子接线牢固,芯线与屏蔽层分开,做好防水保护
	广播安装	广播安装注意防护罩安装,应尽量减少裸线外露
	广播接线	正极接"3 W"功率端子,芯线与卡线端子芯片接触良好
	成品保护	终端设备安装完成,在醒目处贴上成品保护标示,保证成品干净、美观

5.3.5　保证措施

(1)组织全部施工人员进行施工前培训,掌握施工程序、技术交底书、作业指导书内容及相关规范要求,做到工作有据可查。

(2)技术人员必须在每道工序施工前交底,及时进行过程检查,发现问题及时整改并落实到个人,完成后根据规范验收,并填写检查记录。

(3)坚持班前讲话制度,提高施工人员责任心。

第 6 章　时钟系统设备安装工艺

6.1　工程概况

时钟系统为控制运营中心调度员、车站值班员、各部门工作人员及乘客提供统一的标准时间信息，为本工程其他系统的中心设备提供统一的时间信号。

6.1.1　系统组成

时钟系统由中心一级母钟、车站二级母钟、子钟、传输通道及系统网管组成。

1. 控制中心

(1)时钟设置中心一级母钟，接收 GPS 卫星标准时间信号，同时产生精确的毫秒级同步时间码，向各相关系统、各站、段、场二级母钟提供标准同步时间码。

(2)向通信各子系统、信号、综合监控、AFC 等系统提供 RS422 时间同步接口。

(3)时钟系统的监控管理终端设于控制中心综合网络管理室。

2. 车站、车辆段、停车场

(1)在各车站、车辆段及停车场通信设备用房内，均设置二级母钟，接收中心一级母钟的校时信号用于驱动本站所有的子钟，接口采用以太网接口。

(2)通过二级母钟向电力监控等系统提供 RS422 时钟同步接口。

(3)在车站站厅区设模拟指针式子钟；在各车站、车辆段及停车场相关办公室设单面数字子钟；在车控室定制 IBP 盘数字子钟。

3. 传输通道

中心一级母钟至车站、车辆段、停车场二级母钟的数据传输利用传输系统提供的 10 M 以太网通道实现。

4. 网络监测终端

控制中心的时钟监测终端，设于地铁 4 号线控制中心大楼的网管室内，用于对系统的主要设备进行监控。故障信息通过 10/100 M 以太网传输到 4 号线综合网管系统，便于地铁通信系统的集中管理。

6.1.2　系统功能

本系统为地铁乘客和工作人员提供统一的标准时间，同时为其他系统提供统一的时间信号，具有同步校对、时间显示、日期显示、为其他系统提供标准时间信号、系统监控等多种功能。

6.2　时钟系统施工特点

(1)站厅公共区时钟安装时，应注意与照明灯及烟感等其他专业终端设备的间距，保证整体装修效果的美观。

(2)车站时钟定位应整体规划，横成排、竖成列，安装时保证时钟在可视范围内，以便竣工验收清点数量。

(3)设备贵重、易碎，做好成品保护工作。

6.3　施工流程及操作要点

6.3.1　车站时钟系统施工流程及工艺

1. 室内设备安装流程

室内设备安装流程如图 6-1 所示。

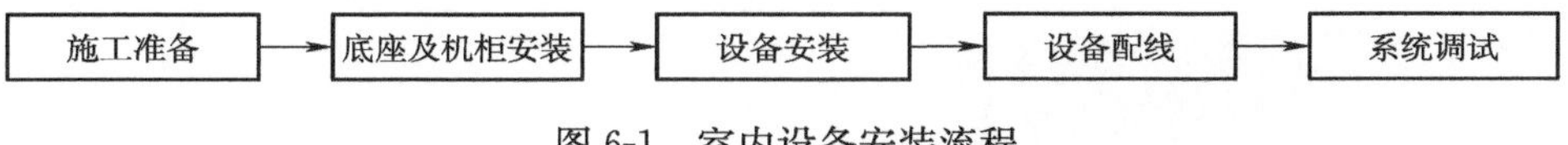

图 6-1　室内设备安装流程

(1)施工准备

工机具准备：电锤、电钻、膨胀螺栓、水平尺及通信施工常用工具。

技术准备：设计图纸、设备安装清单、技术交底。

(2)底座及机柜安装

地铁通信施工中，专用机房内所用设备底座统一安装。

(3)设备安装

时钟系统在地铁各车站及控制中心均设有时钟机柜，机柜固定完毕，机房具备安装条件后可进行柜内设备的安装。

2. 室内设备机架安装

(1)子架安装

机柜固定完毕，机房具备安装条件后可进行柜内设备的安装。

西安地铁 4 号线控制中心时钟设备主要包括屋顶 GPS 天线、北斗天线、网管系统、室内时钟设备。室内时钟设备包括一级母钟(主备)、HUB 接口箱、RS422 接口箱、PDU、电源空开等。各车站室内时钟设备包括二级母钟(主备)、HUB 接口箱、RS422 接口箱、PDU、电源空开等。

设备安装应严格按照设计图纸，先规划好各设备安装位置后再安装需要配线的设备，固定牢靠，保证配线工作正常进行。具备加电条件时再安装其他设备，以便做好成品保护和防止丢失现象；设备间应有间隔，保证设备运行散热。

时钟机柜设备如图 6-2 所示。

(2)时钟电源

1)机柜电源：时钟机柜柜内设置一套空开，共 4 路，空开采用 16 A。从交流电源分配屏敷设一条 3×4 mm^2 电源线至时钟机柜内的空开，并成端。该空开主要用于室外子钟电源供电及室内设备用电。

2)时钟电源：按照区域(子钟型号)规划将站内时钟电源分为 2～3 路，每路时钟电源线引至时钟机柜分路空开。

3)柜内设备电源：柜内设 PDU 一个，从空开引电，供柜内设备取电。

4)时钟设备地线：从机柜地线排敷设一条 BV 16 mm^2 黄绿接地线至设备机房内综合地线排。柜内接地：从机柜地线排敷设 BV 4 mm^2 黄绿线接地线至柜内各个设备的保护地接线柱上。

(3)时钟配线

西安地铁 4 号线时钟机柜设备位置及配线如图 6-3 所示。

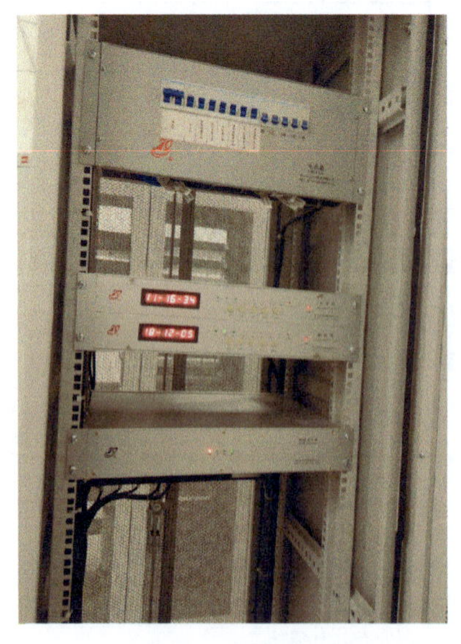

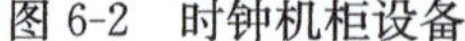

图 6-2　时钟机柜设备

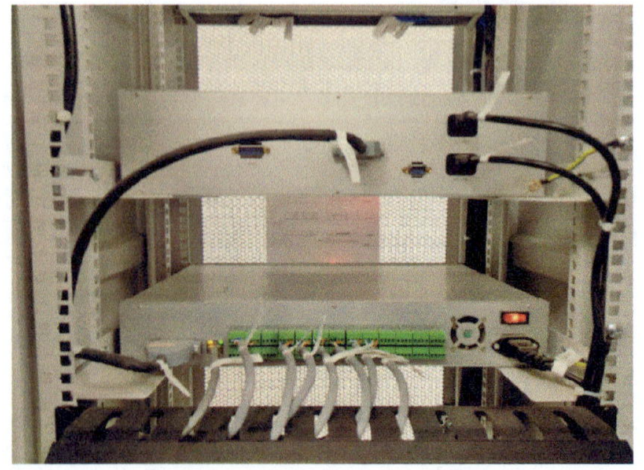

图 6-3　接口箱接线位置

1)线缆成端：

①柜内接口箱应按设计放 6 条网线至 MDF 架 P7、P8，将接口下至 MDF 架。

②站内时钟信号线，按设计分配将站内时钟分为 2～3 路，信号线为网线，引至 MDF 柜。直接上模块卡线对接。

③线缆成端按图 6-4 所示实施。

序号	接口箱端(机柜)	网线	子钟端(终端)	
1	T+	绿	红	R+
2	T−	白绿	绿	R−
3	R−	橙	蓝	T−
4	R+	白橙	黄	T+

电源线

序号	子钟端(终端)	电源	
1	红	相线	
2	黄绿	地线	
3	黄	中性线	

图 6-4　线缆成端对照

2)配线要点：

①结合系统图和线缆清册，认真检查核对柜内线缆分区标识和放线数量，以免错放漏放线缆。弄清设备各接口的功能。

②线缆进入机柜时，在机柜下方弯曲适度，数据线和电源线沿机柜两侧分别绑扎，绑扎应牢固，绑扎线扣间距均匀一致。

③时钟机柜内电源线、地线应采用压接接线端子方式成端。

6.3.2　室外终端设备安装

1. 防护管布设

钢管两端应套丝，与桥架连接处用螺母锁紧，电气连接。出线端应加金属底盒，用螺母锁紧且电气连通，信息盒出线口与时钟安装位置间隔一定距离(建议 10 cm)，保证线缆套金属软管后能平滑接入时钟，并将软管用扎带与吊杆固定。

2. 线缆敷设

(1)线缆类型

时钟系统室外子钟所用线缆：超五类非屏蔽双绞线和 WDZ-RYY3×1.5 mm^2 电源线。

(2)子钟线缆敷设

所有子钟均采用点对点放线，每一子钟布放一根超五类非屏蔽双绞线和一根 WDZ-RYY3×1.5 mm^2 电源线。

(3)缆线标识

时钟系统配线较少,线缆标签一般直接标注线缆的功能即可。各站点的标签内容主要包括以下:车控室时钟电源线、车控室时钟信号线;车控室 IBP 盘时钟电源线、车控室时钟信号线;票务室时钟电源线、票务室时钟信号线;站厅时钟电源线、站厅时钟信号线;站台时钟电源线、站台时钟信号线;变电所控制室时钟电源线、变电所控制室时钟信号线;屏蔽门控制室时钟电源线、屏蔽门控制室时钟信号线。

3. 子钟定位

子钟安装位置和高度应符合设计要求,距地不小于 2.2 m,周边无遮挡,整齐、美观、大方,子钟支架安装应牢固、稳定。具体位置依照图纸并参考图 6-5～图 6-7 施工。

图 6-5 站厅层双柱子钟(安装在柱子中间位置)

图 6-6 单柱子钟(安装在进站侧)

图 6-7 房间内时钟安装(安装高度不低于 2.2 m)

(1)子钟拨码方法

安装子钟时必须对子钟定义地址进行拨码,拨码方法见表 6-1。

表 6-1　子钟拨码方法

地址码	二进制数	拨动开关 1	拨动开关 2	拨动开关 3	拨动开关 4
1.	000001	ON			
2.	000010		ON		
3.	000011	ON	ON		
4.	000100			ON	
5.	000101	ON		ON	
6.	000110		ON	ON	
7.	000111	ON	ON	ON	
8.	001000				ON

(2)子钟成品保护

施工完毕,由于其他专业交叉施工,灰尘及其他因素会对子钟造成损坏。因此,用塑料包装泡沫袋对子钟进行包封,胶带缠绕粘贴,外贴告示。

4. 系统调试

调试前需要实施的内容:线缆校号,检查信号线接线是否正确;绝缘测试,确认电源线有无短路;测试供电电压是否正常;调测与传输设备之间的接口(目前是 RS422 接口);调试二级母钟与一级母钟的传输通道。

6.4　施工注意事项

应严格按照有关规程、规范及细则组织施工。配线及跳线长度请施工单位根据现场实际情况进行设置。时钟系统承包商需负责设备安装督导、调试开通。

6.4.1　时钟设备安装质量保证措施

(1)时钟设备到达现场应进行检查,对照设计文件检查出厂合格证等质量证明文件,并观察检查外观、形状及标志,检查其型号、规格和质量是否符合设计要求及相关产品标准的规定。

(2)对照设计文件观察检查时钟设备机架(柜)电路板的规格、数量和安装位置是否符合设计要求。

(3)标准信号接收单元的接收天线应安装在室外,且周围无明显遮挡物;时间信号接收器应安装在室内,安装方式应符合设计要求。

(4)检查设备安装位置、机架及底座的加固方式是否符合设计要求。

(5)设备安装牢固,排列整齐,漆饰完好,铭牌、标记清楚正确,并符合设计要求。

(6)机架(柜)安装的垂直倾斜度偏差应小于机架(柜)高度的1‰。

(7)子钟安装位置和高度应符合设计要求,子钟支架安装应牢固、稳定。

6.4.2 时钟设备配线质量保证措施

(1)时钟设备的配线电源线、信号线到达现场应进行检查,对照设计文件检查出厂合格证等质量证明文件,并观察检查外观及形状,检查其型号、规格和质量是否符合设计要求及相关产品标准的规定。配线标识齐全、清晰、不易脱落。

(2)电源线、信号线不应破损、受潮、扭曲、折皱,线径应正确。每根电源线或信号线不应断线、错线,线间绝缘、组间绝缘应符合产品技术或设计要求。

(3)数条水平线槽垂直排列时,布放应按弱电、强电的顺序从上至下排列。

(4)线槽内的电缆、电线应排列整齐,不应扭绞、交叉及溢出线槽。

(5)缆线在管内或线槽内不应有接头和扭结。线缆的接头应在接线盒内焊接或用端子连接。

(6)当采用屏蔽电缆或穿金属保护管以及在线槽内敷设时,与具有强磁场和强电场的电气设备之间的净距应大于0.8 m。屏蔽线应单端接地。

(7)电源线与信号线交叉敷设时,应成直角;当平行敷设时,相互间的距离应符合设计要求。

(8)时钟系统电源设备配线用电源线应采用整段线料,中间禁止有接头。

(9)引入或引出交流不间断电源装置的电源线、缆和控制线、缆应分开敷设,在电缆支架上平行敷设时应保持150 mm的距离。

第 7 章　电源及接地系统设备安装工艺

7.1　系统概况

地铁通信电源及接地系统包括电源设备、接地装置、电源集中监控系统。电源设备包括交流双路配电柜、交流不间断电源主机(UPS)、蓄电池组。接地装置由机电安装单位完成,包括室外接地体、接地母线、室内地线排、接地引线。通信电源监控系统包括控制中心监控设备(监控工作站)、各车站(场)监控设备。

城市轨道交通电源及接地系统施工主要包括电源系统设备运输、安装、设备配线、指标检测及功能检验、接地装置及线缆的安装。本章重点介绍设备安装及配线。

7.2　施工工艺流程

电源及接地系统施工工艺流程如图 7-1 所示。

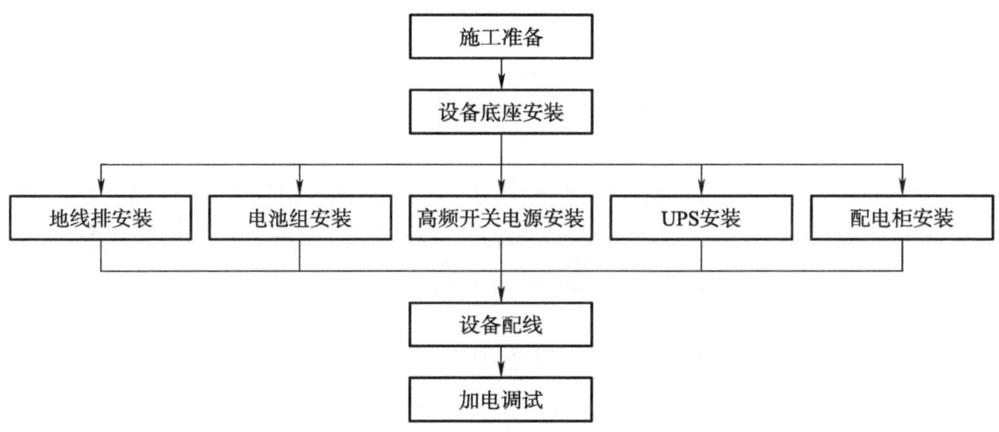

图 7-1　电源及接地系统施工工艺流程

7.3 操作要点

7.3.1 施工准备

通信设备机房与装修单位办理交接手续后，通信机房土建和装修基本同步进行，要求地面平整，地面无预埋钢管横穿机房（以免影响设备底座的安装），机房门、锁安装齐全（如不具备条件，可安装临时门），墙壁粉刷完毕，钢管预埋完成。

1. 工程资料和工机具准备

（1）在工程安装施工开始前，备齐以下技术资料：

1）熟悉工程设计图纸和设计交底会议纪要内容并备查。

2）确定集成商（供货商）提供的机柜尺寸。

3）备齐施工记录用的表格、文件等。

（2）工具准备

1）电源设备安装要求的工具：冲击钻、电钻、剪线钳、液压钳、各种扳手、螺钉旋具、电工刀、钢锯等。工具使用前要做好绝缘处理和防静电处理。

2）电源安装施工所需的辅料：膨胀螺钉、接线端子、线扎带、绝缘胶布、各型号热缩管、标签纸、各种型号冷压端子等。

2. 材料检验

开始施工前，建设单位、监理单位、集成商、施工单位和材料供应商联合对将用于安装施工的设备、机柜底座、电缆等主要材料的规格、数量进行清点和检查，确定其满足以下要求后方可在工程中使用：

1）规格、数量符合施工图设计要求。

2）产品质量证明文件齐全。

3）外观完好无损。

对材料进行检查时，应做好详细记录，如发现有短缺、受潮及损坏等情况，应及时与材料供应商（系统集成商）协调解决。当主要材料需要用其他规格材料代替时，必须报设计单位和建设单位，经批准后方可使用。

3. 施工环境确认

主要对机房装修情况、防静电地板高度、防静电地板铺设网格线、设备安装的位置、布线的路径、外电源供电接入位置（配电箱的位置）、环境温度、湿度等进行确认，以便工程顺利进行。

4. 设备运输

电源设备比较笨重，车站一般都留有下料口，在下料口封闭前，可在设备不拆封的情况下用起重机吊至设备层，待机房环境具备安装条件时再运至机房。如具备条件可用轨道车运输。

设备运输前，技术员应对每台设备所处站点逐一与设计核对并标记。

7.3.2　设备安装

1. 底座安装

设备底座安装前和装修单位再次确认防静电地板高度、地板铺设方式（即地板网格线）。

电源设备底座采用热镀锌角钢加工，机柜底座加工完成后，单个机柜底座单独组立；在低于底座上表面 35 mm 处，四周周焊接∟30 mm 角钢；蓄电池柜要做散力架。

底座支撑高度应比防静电地板上表面低 2～3 cm，安装时便于底座调平，安装位置原则上要与图纸设计尺寸相符合，实际操作时可根据现场地板网格线和机房门所处位置做小范围调整。

底座安装时，根据图纸和现场实际情况，将底座放置在要安装的位置，固定角钢放置在底座前后两侧，和底座贴紧用膨胀螺栓（锚栓）固定。底座调整水平后，用电焊把固定角钢和底座支撑固定。焊接完成后，焊接点用防锈漆做防锈处理。

2. 机柜（架）安装

（1）设备开箱验货

机柜进入现场后，联系建设单位业主代表、监理单位、系统集成商（供货商）到现场进行设备开箱检查。

开箱顺序：

1）开箱前先检查包装箱外观有无损坏，设备发、到货地是否相符，如出现发、到货地不符或设备外包装严重损坏的情况，则应停止开箱，立即查明原因并与供货商联系。

2）根据“开箱验货报告”中的“开箱（验货）清单”，查点货物总件数是否与清单相符，运达地点是否于实际安装地点相符。如一切正常，可继续开箱验货，如果出现错发、漏发等情况，则应停止开箱，立即查明原因并与供货商联系。

设备开箱：对于木制包装箱，平放箱体，用铁锤将钢钎由上盖板缝隙打入箱内约 5 cm，下压钢钎尾部，使盖板上翘，沿上盖板四周重复上述操作，直至取下上盖板。对于纸质包装箱，用壁纸刀割开纸箱的封装胶带即可。

设备验货：

1）开箱后，首先核对设备型号和数量。

2）检查设备整体外观有无损伤，设备机架、插件单板有无机械损伤，机架电缆插接是否符合要求。

3)如果验货过程中发现有漏发、错发、破损等情况,需要补发货品时,根据具体情况填写“补发货申请单”。

(2)机柜安装

按照施工平面设计图纸,确定电源机柜的安装位置,把电源设备一次性移到设备底座上,对设备统一调平。根据机柜底座上安装孔用记号笔在底座上描点,然后把机柜移下底座,用 $\phi12$ 钻头在描点位置钻孔;最后把机柜移至底座上调平后用 $\phi10$ 螺栓固定。

(3)线槽安装

电源系统线槽有地槽和爬架,技术人员参照施工图纸根据现场情况对线缆槽道走向进行统一规划。规划原则:尽量避免线缆交叉;尽量避免和数据线缆线槽交叉;电源监控线缆比较少,可以不考虑单独铺设线槽。

7.3.3 线缆布放与绑扎

1. 线缆布放准备

(1)电源系统配线的特点、原则

电源线应采用整段线料,中间禁止有接头。连接柜(箱)面板上的电器及控制板等可动部位的电源线应采用多股铜芯软电源线,敷设长度应有适当余留。引入或引出交流不间断电源装置的电源线、缆和控制线、缆应分开敷设,在走线架上平行敷设时应保持 150 mm 的距离。直流电源线必须以线色区别正、负极性,直流电源正负极严禁错接与短路,接触必须牢固。交流电源线必须以线色区别相线、零线、地线,严禁错接与短路,接触必须牢固。

(2)配电电缆的具体要求

配电电缆采用三芯或五芯供电电缆(电源设备至动力照明配电箱、电源设备至各系统机柜)。电缆要求机械强度高,绝缘性能好,弯曲能力及抗冲击能力强,防腐、防水、防虫鼠害干扰。电缆应适合于振动较为剧烈、使用条件较为恶劣的地铁运输环境。电缆的导线内护套、外护套均应采用无卤、低烟、阻燃的材料。

(3)电源线的具体要求

电源线采用三芯电缆(系统机柜至外围终端),要求为无卤、低烟、阻燃电缆。

(4)接地线的具体要求

接地线采用截面积为 16 mm^2 的导线,缆芯由绝缘单线绞合而成,保证缆芯圆整。缆芯外绕包非吸湿性材料。

(5)控制线的具体要求

控制线采用非屏蔽六类网线,要求规格 23AWG 的单芯裸铜为导体,聚乙烯类高分子材料为绝缘体,外皮材料采用阻燃型高分子材料。

1)线缆布放前应做好放线清单,经技术人员审核方可按照清单放线。

2)线缆布放前再次确认电线、电缆的外观是否完好。

3)核对电线、电缆的规格、型号和长度是否符合施工图设计。

4)线缆布放敷设前,特别是多根电缆同时敷设的情况下,应将电缆临时标签制作好并粘贴牢固,以免混淆电缆。

5)根据线缆连接的目的单板位置对设备内线缆的走线路径进行规划。

6)对于立式机架(柜),在穿线前应拆去子架上下走线区的挡板,将机架底部的橡胶线盖按进、出线缆的多少用工具刀割开相应大小的孔或十字,但不可将线盖拆掉、损毁,如图 7-2 所示。

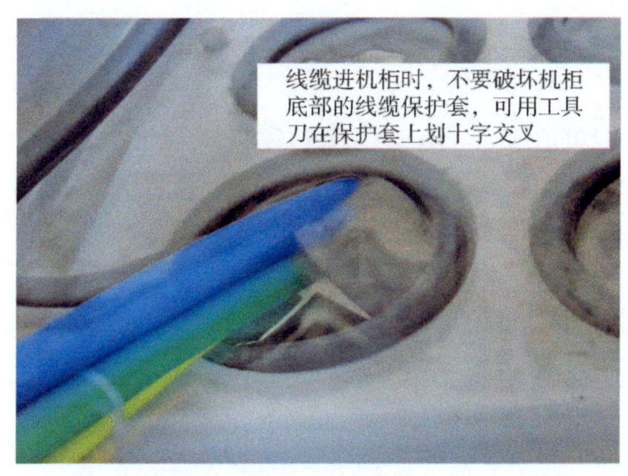

图 7-2　机柜底部线缆保护

2. 线缆的布放与绑扎

(1)各系统负载线缆的布放

1)各个系统供电线缆敷设时根据放线清单和机柜位置一次性敷设。

2)各系统线缆绑扎按机柜距离配电柜的远近,由远及近开始绑扎。如图 7-3 所示。

绑扎成束的线缆转弯时,扎带扎在转角两侧,以免在电缆转弯处应力过大造成线缆断芯的故障,如图 7-4 所示。

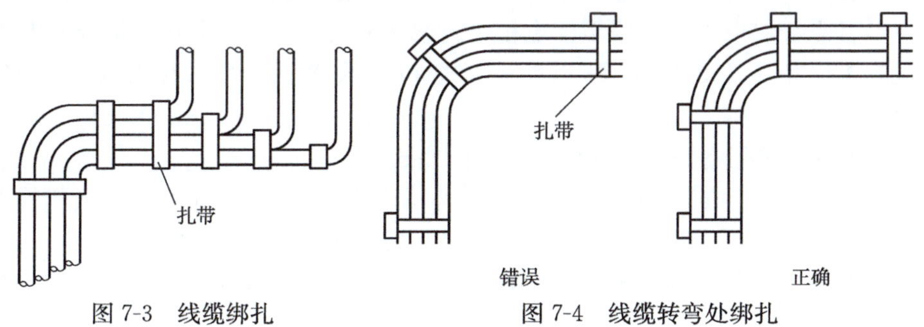

图 7-3　线缆绑扎　　图 7-4　线缆转弯处绑扎

3)线缆绑扎采用环环相扣的方式,如图 7-5 所示。

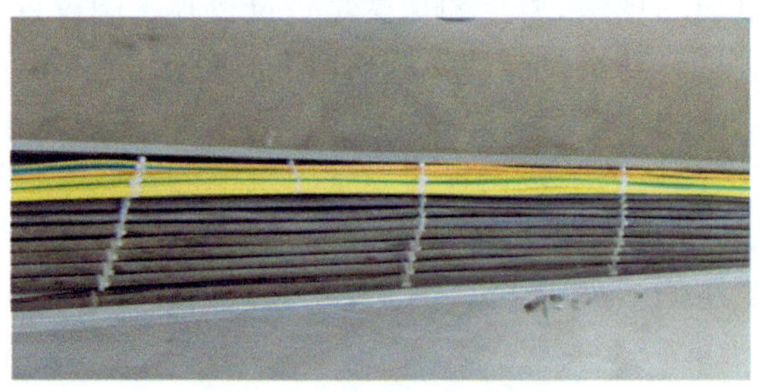

图 7-5 环环相扣的线缆绑扎

4)电源系统线缆绑扎要求:电源线缆和数据线缆要分开绑扎(电源线和数据线绑扎间隔在 50 mm 以上),如图 7-6 所示;交流线和直流线缆要分开绑扎;地线和交直流线缆分开绑扎。

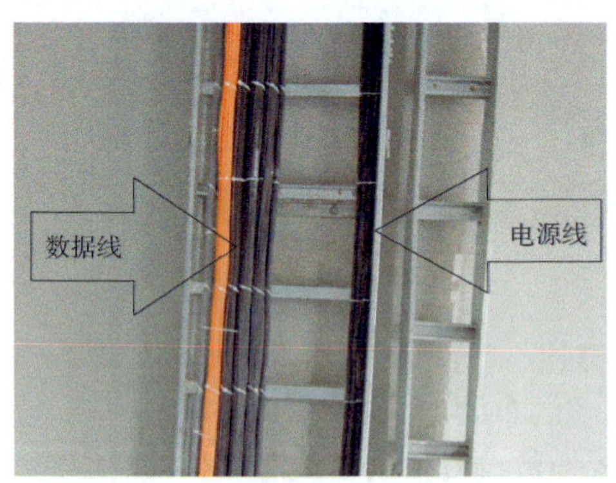

图 7-6 电源线和数据线分开绑扎

5)各系统线缆在机柜底部预留不宜过长,切记不可盘圈。

6)各系统供电线缆汇集至配电柜下方较多时,预留不宜过长,可在配电柜端子分配在配电柜下方倒换交叉,以便线缆进机柜成端不产生线缆交叉。如图 7-7 所示。

(2)UPS 或配电柜输入和输出线缆的布放

1)UPS 输入和输出线缆布放前由技术人员根据现场设备布局测量线缆的长度,杜绝浪费,施工人员严格按照技术人员下发的线缆长度、规格领料。

2)交流动力配电箱安装完成后,UPS 输入线缆再开始布放和成端。

图 7-7　线缆汇集处理

7.3.4　设备配线

1. 交流配电柜配线

(1)交流输入根据设计要求，电源应该有一路或两路从室内配电开关处开始布线，连接至配电柜背后下部的两个黑色端子座上，如图 7-8 所示。

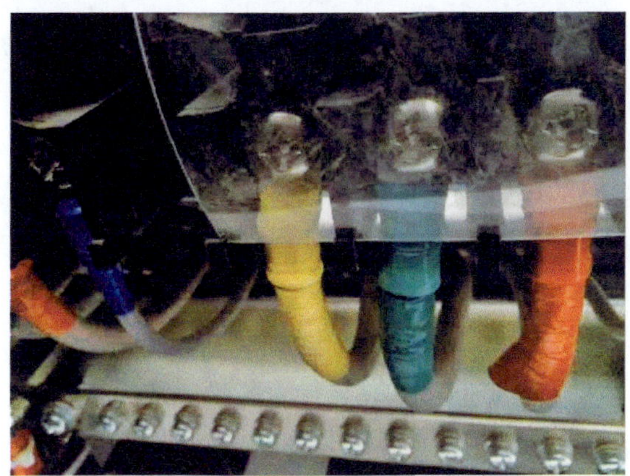

图 7-8　交流配电柜输入接线端子

(2)线缆开剥后终端应热缩密封，如图 7-9 所示。

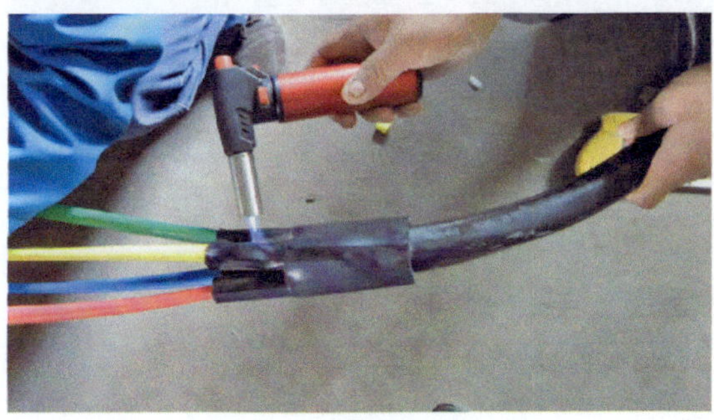

图 7-9　线缆终端密封

(3)芯线开剥冷压如图 7-10 所示。冷压端子选择要和线缆线径相符;模具的选择要和冷压端子大小相符合;冷压完成冷压端子成六方形,杜绝出现毛刺。

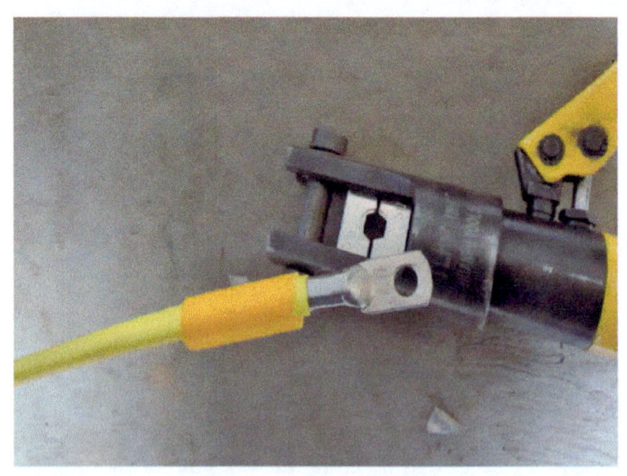

图 7-10 芯线开剥冷压

(4)交流电缆线颜色黄、绿、红、浅蓝分别与交流 A、B、C 相及零线对应。若电缆线只有一种颜色,则需粘贴线号标识。

(5)不允许电缆线有断头、破损、刮伤。

(6)柜间需要连接的电缆还包括 UPS 输入输出电源线、高频开关电源线等。请按照柜间接线示意图和机柜接线图(参照设备附件使用说明书)接线。接线如图 7-11 所示。

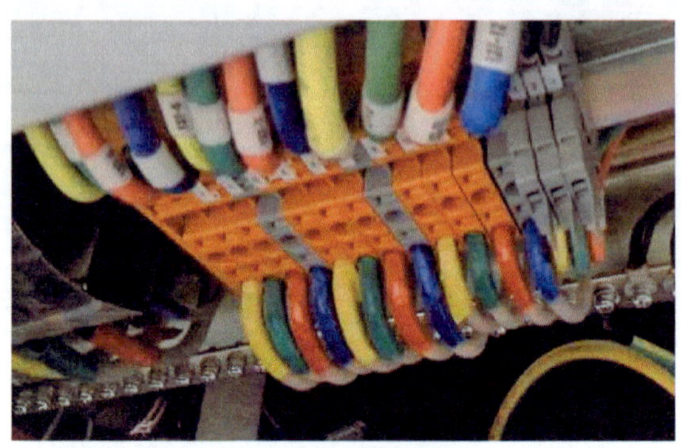

图 7-11 机柜接线

2. 各个系统负载电源线配线

各负载电源线的配线较多,线径较细,配线原则是统一、美观、线缆开剥后冷压。如图 7-12 所示。

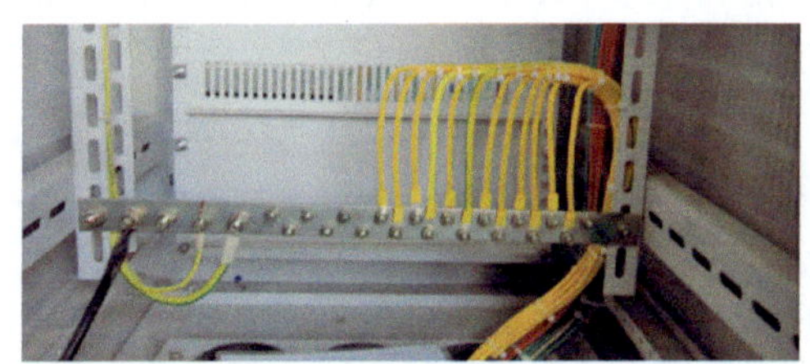
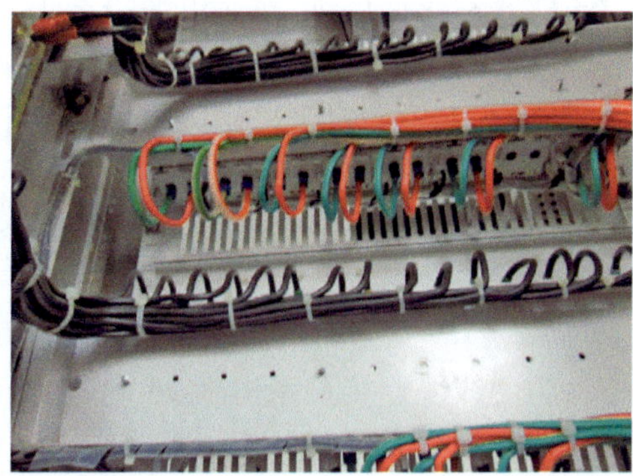

图 7-12　各负载电源线配线

3. 不间断电源(UPS)及电池组配线

(1)UPS 配线同交流配电柜线缆成端方式参照交流配电柜线缆成端，根据不同厂家、不同型号的 UPS 端子位置参照机柜附带说明书进行配线。

(2)电池组的安装与配线。

1)电池安装过程中要轻拿轻放。

2)电池在机柜内摆放间距要统一。

3)电池线缆连接完成后从电池正极到负极按顺序对每块电池进行编号，如图 7-13 所示。

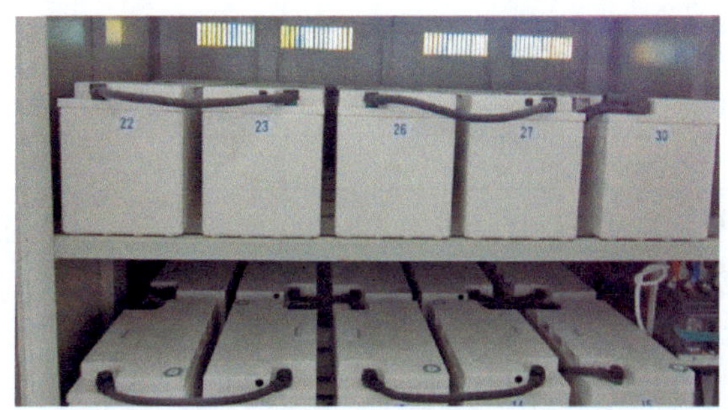

图 7-13　电池编号

7.3.5　接地系统线缆成端

西安地铁接地系统采用联合接地，接地阻值≤1 Ω，室外接地体和室内接地母排一般由装修或机电单位安装。通信专业施工接地系统只包含个系统机柜和设备的接地。其施工内容是通信设备机房内所有机柜引接地端子引一根 16 mm^2 黄绿相间底线至接地母排，所有电源设备引一根 25 mm^2 黄绿相间底线至接地母排。

接地系统安装配线要求：各系统接地线设备端冷压后必须接至机柜接线端子上（无接线端子的接至机柜内接地铜排上）；机柜内用电设备必须接地，机柜门和柜体必须有地线连接；各系统供电一般采用单相三线制，其中一根地线在配电柜侧需接至接地铜排上。汇聚在接地铜排上的接地线要按系统做好标识。

7.3.6　标识制作

为使线缆连接关系清晰、明确，便于设备的调试、维护，应对设备、连接线缆和配线架等进行必要的标识。对每端设备用中文贴纸标识该端设备名称，在一个机架内有多个设备子架时，对每个子架进行标识。

7.3.7　安装自检

完成硬件安装后，根据安装验收的项目和标准对安装质量进行自检，自检过程做好自检记录。自检合格后，清理施工现场，准备安装验收。安装检查表见表 7-1。

表 7-1　安装检查表

序号	项目标准与要求	合格	整改情况
1	机架是否已用膨胀螺钉固定	□是　□否	
2	机架排列是否整齐	□是　□否	
3	安装设备是否洁净	□是　□否	
4	设备器件是否无损坏	□是　□否	
5	线缆布置是否隐蔽	□是　□否	
6	线缆标记是否清晰、准确	□是　□否	
7	端子标记是否清晰、准确	□是　□否	
8	交流输入转接，相序是否对应	□是　□否	
9	防雷接地、保护接地是否接线正确	□是　□否	
10	线缆两端到接线处是否有余量且隐蔽放置	□是　□否	
11	接线端子与线缆接头处是否有接触不良	□是　□否	
12	各线缆接点是否紧固	□是　□否	
13	各线缆外皮是否无破损	□是　□否	
14	UPS 输入输出电源线是否连接正确	□是　□否	
15	有无漏剪扎带余尾	□是　□否	
16	机架组装是否防振、紧固	□是　□否	
17	机柜油漆、电镀层是否无剥落	□是　□否	
18	两路交流输入线是否正确连接	□是　□否	

7.3.8　开通调试

电源系统的开通调试一般由集成商(厂家)操作,施工单位配合完成。

开通调试流程如图 7-14 所示。

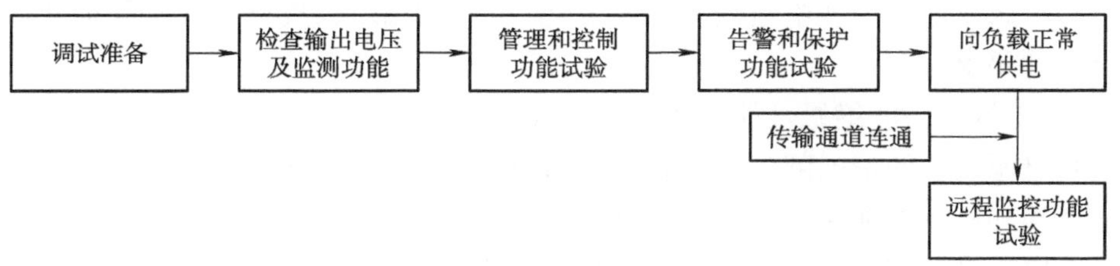

图 7-14　开通调试流程

7.4　质量控制

7.4.1　易出现的质量问题

1. 设备安装质量问题

(1)设备机柜易出现安装不平整、柜体与柜门间绝缘不好等现象。

(2)安装机柜时每面机柜先应大致调水平,然后从成列机柜一端的第一面开始调整。其余的机柜以第一面为标准逐个调整,正面对齐,使其水平、垂直平整,缝隙均匀,固定牢靠。柜门自由关合,必要时需对机柜上部同时进行调整固定。

(3)机柜柜体与柜门间应采用 PE 线可靠、牢固连接。

2. 设备配线质量问题

(1)端子压接不牢固,用压接钳或专用模具压接。

(2)应尽力将电缆芯线插进端子压接套筒的线孔内,以推不动为止,到位后,芯线长出端子部分 2～3 mm。

(3)压接接线端子前,先将电缆放到接线位置,使接线端的接触面与电源母线平行。如果不平行,用钢丝钳夹住端子尾端校正。

(4)热缩套管在电缆上的位置应在包括端子与电缆接口处的前提下,完全包住裸压端子的压接套筒。

7.4.2　质量保证措施

(1)电源系统设备安装质量保证措施:

1)电源设备到达现场应进行检查,对照设计文件检查出厂合格证等质量证明文件，并观察检查外观、形状及标识，检查其型号、规格和质量是否符合设计要求及相关产品标准的规定。

2)对照设计文件观察检查交、直流配电设备的进、出线配电开关及保护装置的数量、规格应符合设计要求。

3)对照设计文件观察检查蓄电池架(柜)的加工形式、规格尺寸和平面布置应符合设计要求。

(2)电源设备的绝缘性能应满足以下规定：

1)电源设备的带电部分与金属外壳间的绝缘电阻不应小于5 MΩ。电源配线的芯线间和芯线对地绝缘电阻不应小于1 MΩ。

2)电源设备的基础型钢的规格、数量、安装位置应符合室内地面荷载要求。

3)电源设备的安装位置应符合设计要求。

4)电源设备应表面平整，标志齐全，漆色一致，安装整洁。

5)电源设备机柜安装的垂直度允许偏差为1.5‰。

6)蓄电池安装应排列整齐，距离均匀一致，蓄电池连接接触应良好。

(3)电源系统设备配线质量保证措施：

1)电源设备的输出电源线、缆应成束绑扎，不同电压等级，交流、直流线路分别绑扎并有标识。

2)所有电源设备线、缆绑扎后不应妨碍手动开关或抽出式部件的拉出或推入。

3)走线架上布放电源配线的绑扎线在横铁下不应有交叉，在地槽内布放电源配线应平直并拢，地槽应清洁，盖板应严密。

7.5 安全措施

7.5.1 主要安全风险分析

(1)设备运输过程中人身和设备的安全。

(2)安装时对已完成品的保护工作。

(3)安装时的安全用电。

7.5.2 安全保证措施

(1)设备运输在条件允许的情况下尽可能采用机械运输。

(2)运输过程中，杜绝拆除设备包装。

(3)运输过程中实行领导盯岗制度。电源运输过程中由一位技术岗位人员或者是作业队负责人带头负责。

(4)机械室用电设备加装漏电保护器。现场临时用电线路的安装和使用严格按照临时用电有关规定执行,不准擅自拉线接电。

(5)蓄电池安装时应用绝缘胶带对安装工具进行缠绕,防止安装过程中工具打滑触及蓄电池的电极,造成短路烧毁蓄电池和伤及人身。

(6)进行通信电源配线时,上一级负荷开关必须处于关闭位置,防止配线中的触电事故。

(7)施工配线中,绞割电线时注意接头处下方垫置塑料布将设备进行隔离,防止绞割过程中产生的铜屑落入设备造成短路烧毁设备和伤及人身。

(8)对已经安装完或者是安装过程中的设备加电前用彩条布完全包裹。

7.6　环保措施

根据施工中可能对环境产生影响的因素,采取以“预防为主,防治结合,综合治理”的原则,确保做好环境保护工作。在施工过程中采取以下措施:

(1)制订环境保护管理办法和实施细则,并建立奖惩制度,将环保的具体措施落实到个人。

(2)施工现场工具材料摆放整齐,保证现场施工场地整洁、干净。

(3)各种包装物应统一收集处理,严禁乱扔、乱放,污染机房和周围环境。

(4)工程完工后,将工地及周围环境清理整洁,做到工完料清,场地整洁。

第 8 章　综合布线系统施工工艺

8.1　工程概况

西安地铁综合布线系统属于通信系统的一个分支，主要分布在沿线各车站、控制中心、车辆段、停车场等建筑体内，它将语音、数据等进行系统规划，给办公网实现智能化、信息化提供基础支撑。

西安地铁综合布线系统的各建筑体内的配线子系统布线均采用六类屏蔽网线。数据系统中长距离的跨区（干线子系统）通过从分线箱至设备间（专用通信机房）敷设 1 条 12 芯多模光缆实现，设备间设置 1 套三层交换机及配线设施：各建筑体之间的信息传输采用数据网设备（三层交换机、路由器等）的光口通过专用通信所敷设的干线光缆进行传输通信。语音系统中长距离跨区通过 100P、200P 等电缆从分线箱至设备间连接；在设备间 MDF 配线架成端与程控交换机跳接。

系统结构如图 8-1 所示。

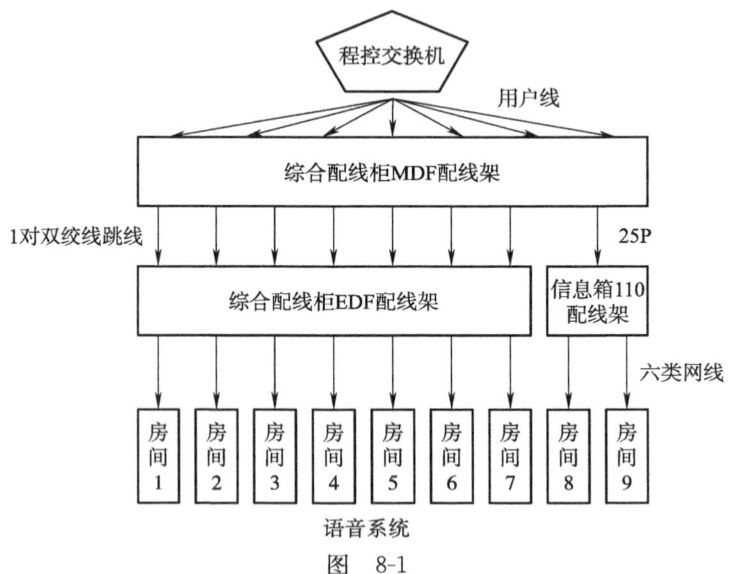

图　8-1

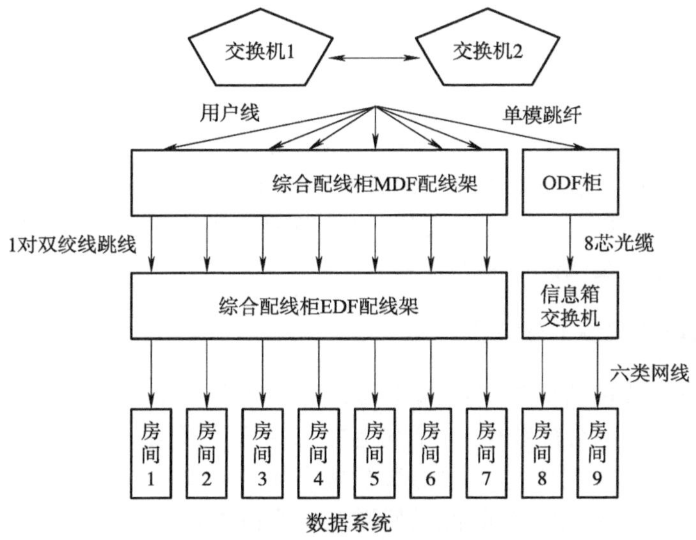

图 8-1　综合布线系统结构

参照综合布线系统的划分及西安地铁的综合布线系统设计，该系统主要包括以下施工内容：

(1)管线、桥架等干线，包括各设备房间之间的垫层内暗埋钢管、设备机房爬架、区间引入车站爬架、车站吊挂式桥架。

(2)信息点的定位与管线路径规划，暗埋、明装管线。

(3)信息箱的定位与安装。

(4)设备间(专用通信机房)综合配线柜内 EDF 配线、MDF 架、交换机等设备安装。

(5)线缆布放、测试、成端，测试与放线清册的制作。

(6)线缆跳接与功能测试。

(7)系统测试。

8.2　综合布线施工特点

(1)在布放线缆时要与外专业线缆区分，单独绑扎，管线桥架的安装要与外专业协商，避免冲突。

(2)综合布线线缆数量多，机柜成端要统一工艺。线缆成端要保证可靠性，标签与房间对应。

(3)管线桥架工艺统一，信息点定位需与供电系统保持一致，面板安装完及时修补缝隙。

8.3 施工流程及操作要点

本系统是通信系统中的一个子系统，施工内容比较多。首先是施工前准备，包括现场勘察，图纸审核，施工用料的预算等准备工作；之后是前期外围管线桥架的安装，开槽配管，信息盒的定位与安装，线缆布放与成端测试，标签台账的完善，与其他系统的跳接以及调试功能等。

8.3.1 室内设备安装工艺流程

室内设备安装包括机柜底座加工与固定，机柜安装与固定，配线架安装等。一般车站配备一个综合配线柜，一个弱电井配线箱；停车场车辆段通信机房配备两个综合配线柜，各个楼宇根据信息点数量配备综合配线柜或者配线箱。综合配线柜内主要有EDF配线架、MDF配线架以及交换机等。

安装流程：施工准备→交换机安装→配线架安装→标签及台账制作。

1. 交换机安装

交换机的安装位置根据设计图纸定，交换机之间安装理线架，二者上下之间空1 U，方便跳线，具体如图8-2所示。

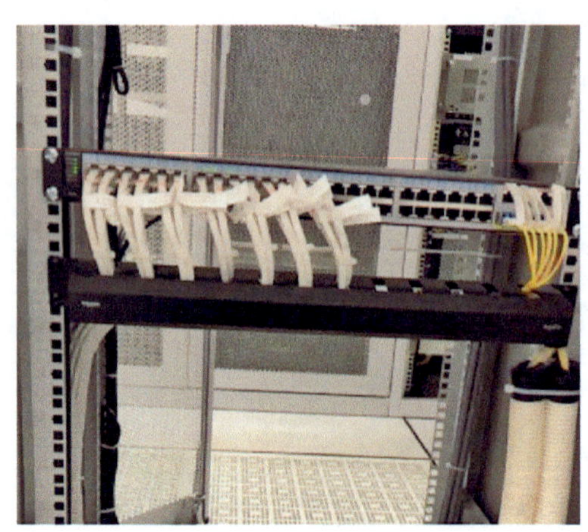

图8-2　交换机安装

2. 配线设备安装

EDF配线架安装在机柜的底部，每个配线架之间安装一个理线架，理线架与相邻配线架紧挨，如图8-3所示。

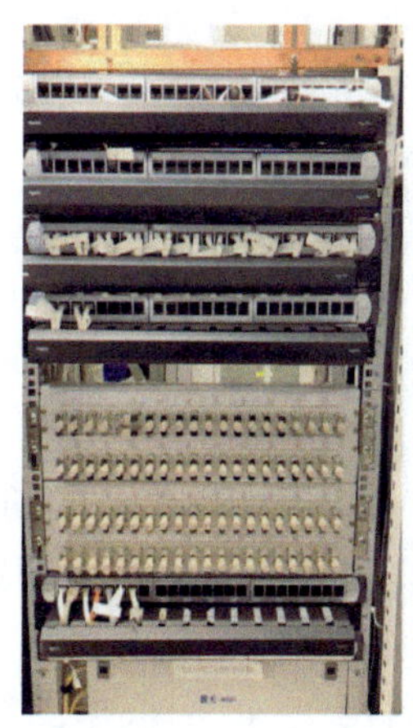

图 8-3　MDF 配线架安装于 EDF 配线架上方(与 EDF 配线架空 1 U)

3. 标签及台账

对于综合配线柜内部的所有设备都应该建立相应的台账,详细说明设备端口的功能以及整个柜子的布局,台账位置应对应设备位置从上往下依次张贴,如图 8-4 所示。

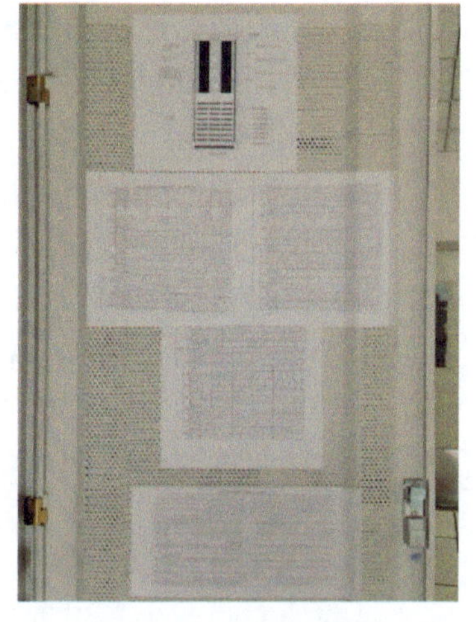

图 8-4　台账张贴

4. 施工要点

机房内设备的安装相对简单,主要把握工艺,要求安装的设备整体美观,布局合理,使用方便。

8.3.2　室外管线安装工艺流程

施工流程:施工准备→吊挂式桥架安装→暗埋、明装管线→信息箱安装→线缆布放成端→信息底盒安装

1. 施工准备

(1)技术准备

开工前,施工人员首先应该熟悉施工图纸,了解设计内容及设计意图,明确工程采用的设备和材料,图纸所提出来的施工要求,综合布线工程和主体工程以及其他安装工程的交叉配合,以便及早采取措施,确保在施工过程中不破坏建筑物强度、美观,不与其他安装工程发生冲突。

根据地铁施工的总结,需要注意如下事项:

1)前期土建预留洞室的调查:包括上下层间的中板洞、出入口人防门横梁上的

钢管、区间引上的中板洞;设备房之间的管线连接,特别注意三层站的管线连接,通信设备室到车控室,通信设备室到综合监控室、通信设备室到公安通信设备室。

2)信息点的核对:施工图与系统图的核对。

3)信息点位的标注:提前注意其他专业的设备房或管理房(照明配电室、站长室、35 kV 控制室、0.4 kV 控制室、变压器室、气瓶间等)内信息点位的位置,避免以后面板被设备遮挡或者影响以后使用的方便性。

(2)工具准备

根据施工范围和施工环境不同,准备不同类型和不同品种的施工工具,如吊架、线槽、钢管施工工具、线缆敷设工具、线缆端接工具、线缆测试工具等。

2. 吊挂式桥架安装

安装吊挂式桥架分为角钢式和通丝吊杆式。前期根据图纸规划桥架位置,现场测量出工程量以及对特殊地点的桥架变形设计。

施工流程如下:

角钢式:熟悉图纸、现场勘查、桥架定位→角钢底座安装、吊臂及横担安装(按照图纸标高选择合适吊臂横担长度)→安装桥架、电气连接。

通丝吊杆式:熟悉图纸、现场勘查、桥架定位→通丝吊杆打眼安装、横担安装→桥架安装、电气连接。

(1)桥架线路的规划

审阅设计图纸,了解设计意图,进行现场勘查,与装修装饰专业沟通,了解风、水、电、FAS、消防等专业管线径路,确定通信桥架的实际位置。对于特殊地方做变形设计,人防门处提前规划路径。公共区域:按照设计径路,注意标高(吊顶、风管、消防管等)。设备区:综合吊支架,主要就是桥架位置。出入口:正确与人防门空洞对接。楼层间预留孔洞根据现场情况做变形设计,量好尺寸做好标示,工艺要美观。整体审核规划路径是否合理。

(2)吊臂安装

吊臂的安装首先是根据设计和勘查的结果,制定吊臂的长度,估算工程用量,在现场标记出吊臂具体位置,吊臂安装间距为 1.5 m。对于特殊位置例如变形处是否增加吊臂做出记录,公共区的吊臂安装要保证技术要求的前提,尽量做到处于同一条线上。

(3)异型线槽安装

异型线槽主要用在拐角处和高低变形处,异型线槽的设计要根据现场实际情况进行,变形工艺要求美观、简单。

根据现场位置确定变径要求,计算并在线槽上标出切割位置,做出变形后固定,如图 8-5 所示。

图 8-5　线槽变径处理

(4)直线段线槽安装

线槽安放好后及时连接，根据线槽的大小确定连接所需的螺栓数量，整体安放好后进行桥架校直工作，确定桥架在一条直线后固定横担，进行电气连接。

(5)桥架施工要点

1)桥架安装前应与土建及风、水、电专业沟通，避免与消防管道、给水管、排水管及通风管道发生冲突，造成不必要的返工及后续的成品破坏。

2)桥架的所有端口、开孔应进行打磨处理，线槽、桥架切割后的尖锐边缘加以修整，以防刮伤电缆。开孔引出钢管部分应对钢管进行套丝安装锁母，连接牢固，同时做好接地连接。

3)桥架与支架间采用螺栓固定。桥架与桥架之间用连接板连接，连接螺栓采用半圆头螺栓，半圆头在桥架内侧。桥架之间缝隙须达到设计要求，确保一个系统的桥架连成一体。

4)电缆桥架的总平面布置应做到距离最短，经济合理，安全运行，并应满足施工安装、维修和敷设的要求。

5)垂直墙壁引下敷设的电缆桥架，应在墙壁上用膨胀螺栓进行固定，垂直安装的支架间距为 1.5～2 m。电缆桥架水平敷设时，支撑跨距为 1.5～2 m，桥架过土建伸缩缝时应加装伸缩节并予留伸缩缝 20～30 mm，在伸缩节两侧应安装吊架或支架。

6)接地要求：要求所有桥架间都用地线连接，采用 4 mm^2 地线连接在桥架固定的螺栓上，地线使用接线端子成端。

3. 暗埋、明装管线

(1)图纸信息核算、现场复核

根据图纸中各信息点的位置及桥架位置列清单，按照实际比例做出估算，计算各点位所需材料的理论需求数量，进行汇总，然后现场勘查。对于土建施工中有变动的及时进行汇总处理，完善统计数据。

(2)备料

根据汇总的数据，准备施工所需的材料，根据施工内容备齐相应的工具。

(3)开槽

根据图纸确定信息点位置，在墙上画出实际位置后规划墙槽的路径，避免横槽出现。背靠背类型信息点只需要一处刻槽暗埋钢管，部分有防静电地板房间可选择走地埋管或者地槽。

刻槽的尺寸大于暗埋钢管直径 1 cm，底盒位置的尺寸使用 86 盒，长宽各 8 cm，深度 6 cm。

注意：避免刻圈梁，圈梁提前预埋大径穿管。

(4)钢管暗埋

浇筑横梁部分要提前预埋大一规格的钢管，后期施工将小规格钢管放入其内，管口距离桥架信息点出墙后 5～10 cm，后期放线使用软管连接，底盒的安装深度高于墙面 3 cm，与装修墙面齐平，底盒安装水平，深度不宜过深。管子暗埋后及时固定，对暗埋好的管子应使用钢丝测试是否有堵死情况，确保后期穿线顺利。

(5)穿线管安装施工要点

钢管敷设位置应提前规划，以施工图设计要求为基础，特殊部位可根据要求进行适当调整。

1)与桥架连接引出的保护管安装标高应与桥架敲击孔平齐，且满足设计标高要求。

2)车站外围钢管径路应保证横平竖直、整体美观，尽量避开障碍物。保护管径路选择应结合桥架主干路位置选取最短径路，确定与桥架开孔连接部位。钢管、金属软管连接处、长距离、弯曲或终端出线时为方便拉线应增设连接盒。

3)钢管的合理裁截应根据先行测量、规划尺寸选取，再通过现场反复测量，最终形成合理长度。使用切割机(或割管刀)进行切割，切割完成后应立即对管口进行处理，保证光滑无毛刺。预埋钢管墙内严禁接头，严禁直接焊接接头。

4)外围终端设备配管前应提前根据各类终端设备的功能不同进行整体规划，以终端设备的明确安装位置为依据对保护管进行规划。终端钢管与金属软管连接位置的选取应保证金属软管使用量不超过 1.0 m 范围内。

5)使用弯管器在既定弯曲部位弯管，不得出现压扁现象，应保证一定的弯曲半径、穿线空间。暗敷设保护管内基本为穿放电缆用，弯曲半径应为管内最粗电缆直径的 15 倍。

6)钢管内穿放好钢丝后(两端管口钢丝余留不大于 300 mm)敷设保护管并使用管卡与通丝吊杆进行固定，要求安装牢固。金属软管应按要求做出“滴水弯”。

7)管箍接头、连接盒应与钢管使用电气连通线(4 mm^2 软线)进行跨接，要求连接可靠，并在安装完成后立即使用万用表测试连通性。连接盒与钢管连接部位应使用螺母连接牢固、可靠，并锁紧。金属软管管口处应使用胶带缠绕，处理毛刺，以防伤及导线。

4. 外围网络机箱的安装

外围网络机箱箱内包括一个空开及一个插板，一个带光模块的交换机，一组配线模块。安装位置根据图纸确定，与配电箱的位置错开，安装高度统一，距离地面 1.3 m。

线槽安装固定对着机箱的敲击孔，根据现场和图纸设计确定网络机箱明装还是暗装。

5. 线缆布放、成端

(1)线缆布放

外围管道完工后，进行放线工作。放线前先熟悉图纸，现场勘察，确定线缆的路径，预测线缆距离，准备齐全材料与工具。放线时，贴好标签后用胶带缠绕一圈，避免长时间放置标签字看不清。

布放线缆需按照前期制作的线缆清册依次布放，遵循先远后近的原则，放完之后及时记录数量，线缆清册如图 8-6 所示。

×××站综合布线统计

序号	起点位置	线缆数量（条）	终点位置		接口类型		距离
			坐标位置	房间具体位置	语音插座接口	数据插座接口	
		87	MDF				
			站厅南	AFC设备室南墙	1	1	22
				AFC票务管理室南墙	2	1	27
				气瓶室—站厅南南墙	1		39
				AFC维修室南墙	1	1	43
				照明配电室—站厅南北墙	1		43
				车站控制室东墙	4	1	21
				车站控制室北墙	5	1	27
				车站控制室西墙		1	34
				站长室北墙	2	1	47
				综合监控设备室西墙	1	1	47
				男更衣室北墙	1		60
				女更衣室北墙	1		53
				警务室北墙	1		44
				公安通信设备室南墙	1	1	47
				值班休息室北墙	2	1	48
				消防泵房东墙	1		69
				会议交接班室北墙	2	1	68
				通风空调电控室—站厅南北墙	2	1	63
				照明配电室—设备层南端北墙	1		74
				保洁间—设备层南端北墙	1		71

图 8-6　线缆清册

放线时线缆在机房端预留，从机柜底部算起，预留 4 m 左右，盘在机柜底部。

(2)线缆成端

综合布线线缆主要有五类线、六类线、市话电缆以及光缆成端，具体如下：

1)五类线成端。五类线成端标准遵循 568B 的顺序，打线时正确使用打线刀，观察线是否打进去，同一个模块禁止连续多次使用打线刀打线，效果如图 8-7 所示。

2)六类线成端。机柜内配线要求工艺美观。在进机柜之前完成机柜的台账，根据台账位置分线理线。台账要求房间排列有序，数据语音线分开。成端的标准按照 568B 的顺序进行打线，效果如图 8-8 所示。

图 8-7　五类线成端

图 8-8　六类线成端

3)光缆成端。信息箱到机房 ODF 柜有一根八芯光缆，成端要求信息箱与 ODF 柜内八芯光缆全部成端，成端技术要求与其他光缆要求一样，八芯光缆在信息箱内绕一圈做出预留。完成成端后及时测试，并进行测试记录。信息箱内成端盒如图 8-9 所示。

4)市话电缆成端。市话电缆主要包括 10P、20P、30P、50P、100P，成端的方法一样，在机柜底部开剥外层保护层和金属层，金属层用 4 mm^2 地线引至机柜底部地线排，上端成端在 MDF 架上，预留 15 cm 左右，效果如图 8-10 所示。

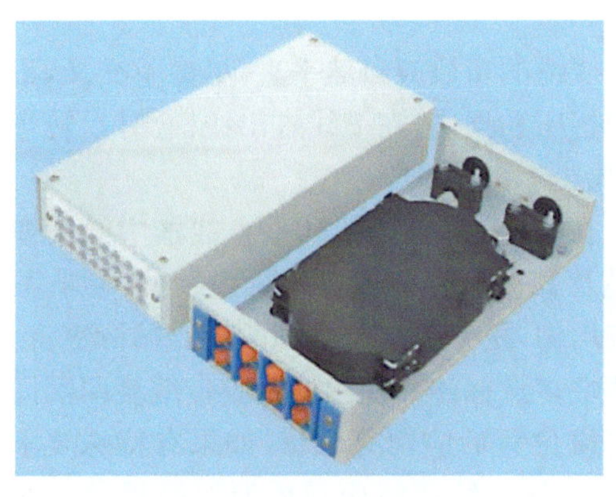

图 8-9　信息箱内成端盒

图 8-10　市话电缆成端

(3)标签标识制作

制作标签之前一定要对线缆进行测试,对应标签进行核对,完成之后制作统一标签。台账根据核对后的线缆位置制定,要求清晰明确,效果如图 8-11 所示。

×××综合布线端子排布

	1	2	3	4	5	6	7	8	9	10	11	12	13	14	15	16	17	18	19	20	21	22	23	24
3	车站控制室东墙语音1	车站控制室东墙语音2	车站控制室东墙语音3	车站控制室东墙语音4	车站控制室南墙语音1	车站控制室南墙语音2	车站控制室南墙语音3	车站控制室南墙语音4	车站控制室南墙语音5	站长室南墙语音1	站长室南墙语音2	通信设备室南墙语音	通信电源设备室南墙语音	信号设备室南墙语音1	信号设备室南墙语音2	值班休息室南墙语音1	值班休息室南墙语音2	会议交接班室北墙语音1	车站备品库南墙语音	会议交接班室北墙语音2	冷冻机房通风空调室南墙语音	消防泵南墙语音	男更衣室北墙语音	女更衣室南墙语音
4	疏散通道语音	备用东墙语音	气瓶间南墙语音	AFC维修室南墙语音	AFC票务室南墙语音1	AFC票务室南墙语音2	AFC设备室北墙语音	综合监控设备室东墙语音	警务室南墙语音	公安通信设备室北墙语音	民用通信设备室南墙语音	备用南墙语音	照明配电室南墙语音	通风空调电控室南墙语音1	站厅北票务厅北墙语音1	通风空调电控室南墙语音2	站厅北票务厅北墙语音2	站厅南票务厅南墙语音1	站厅南票务厅南墙语音2	检修室南墙语音1	检修室南墙语音2	控制室南墙语音1	控制室南墙语音2	控制室南墙语音3
5	0.4KV低压室东墙语音	35KV开关柜室南墙语音	照明配电室东墙语音	屏蔽门设备及控制室南墙语音1	屏蔽门设备及控制室南墙语音2	屏蔽门设备及控制室西墙语音	污水泵西墙语音	扶梯配电间东墙	应急电话(站台北)	1号出入口语音	4号出入口语音													
6	车站控制室东墙数据	车站控制室南墙数据	车站控制室西墙数据	站长室南墙数据	通信设备室南墙数据	信号设备室南墙数据	值班休息室南墙数据	会议交接班室北墙数据	AFC维修室数据	AFC票务室南墙数据	AFC设备室北墙数据	综合监控设备室东墙数据	公安通信设备室北墙数据	民用通信设备室数据南墙	通风空调电控室南墙数据	站厅南票务厅南墙数据	站厅北票务厅北墙数据	控制室南墙数据	检修室南墙数据	35KV开关柜室数据	0.4KV低压室东墙数据	屏蔽门控制室南墙数据		

图 8-11　线缆台账

(4)缆线布放施工要点

线缆的型号、规格应与设计规定相符;线缆的布放应自然平直,尽量不交叉,不得产生扭绞、打圈等现象;不应受到外力的挤压和损伤,在缆线进出线槽部位、转弯处应绑扎固定,其水平部分缆线可以不绑扎。

垂直线槽布放缆线应分段进行固定。在水平、垂直桥架和垂直线槽中敷设缆线时,应对缆线进行绑扎。对绞电缆、光缆及其他信号电缆应根据缆线的类别、数量、缆经、缆线芯数分束绑扎。绑扎间距应均匀,松紧适度。线缆两端要贴标签,标明编号,标签字迹应清晰,临时标签应在两端多点标注并使用透明胶带缠绕两圈即可,标签内容应统一、详实。线缆敷设到终端位置后应留有余量,如果有特殊要求的应按设计要求预留长度。电源线和综合布线系统缆线应在桥架线槽里分开布放,一般线槽里由隔挡分开。

缆线布放注意事项:

1)缆线拉伸不要超过缆线制造商规定的电缆拉伸张力。

2)避免缆线过度弯曲,安装后的缆线弯曲半径不低于缆线直径的 8 倍,对典型的六类电缆,弯曲半径应大于 50 mm。

3)避免缆线扎线带过紧而压缩缆线,压力过大会使缆线内部绞线变形,影响其性能。

4)避免缆线打结。

6. 信息插座安装

信息插座的安装要求外观美观,统一与供电面板同一高度,安装完成后及时联系装修单位对缝隙修补。内部模块按照 568B 的顺序打线,完成后统一测试。如图 8-12 所示。

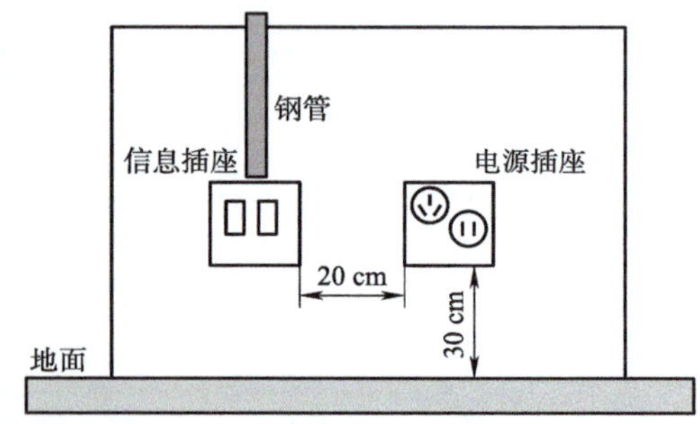

图 8-12 信息插座安装示意

8.3.3 线缆跳接

网线跳接:用于 EDF 架端口与交换机之间的跳接,一般使用超五类成品网线。

光纤跳接：用于各交换机之间的跳接，光纤跳接应注意管线保护措施，套波纹管保护以及波纹管外绕管保护。

电话跳线：主要是上级程控交换机过来的接线与到桌面终端的语音信息点连接线之间的连接和跳接部分，便于管理、维护、测试，EDF 配线架使用统一的 RJ11 水晶头。

8.3.4　系统调测

测试阶段分为线缆的测试和设备测试，以及最后的功能测试。

线缆测试使用 FLUKE 测试仪，选择双绞线后对应五类或者六类网线，旋钮调至自动模式后进行测试，测试结果通过时保存数据做好记录，测试结果不通过时，根据提示查找问题，解决问题。单机测试主要配合厂家对设备功能进行调试。完成以上测试后，使用计算机或者电话在房间信息点进行最后功能测试，确保没有问题后做好记录。

8.4　质量控制

8.4.1　易出现的质量问题及处理措施

（1）及时制作线缆清册，杜绝后期出现错放、漏放线缆的情况。

（2）放线完成后及时核对房间名称与标签是否对应，核对语音与数据网线标签加以区别。

（3）放线时线缆容易出现磨损或者拉断，所以在放线完成之后及时测试线缆通断。

（4）成端时线缆开剥容易割伤，导致后期测试不通过，所以成端完成后要及时测试成端的质量是否合格。

（5）市话电缆成端过程中，地线的连接要及时。

（6）面板成端是语音模块必须将 8 根网线全部成端。

（7）配线完成后必须进行测试，要有完整的电子版测试记录。

8.4.2　质量保证措施

1. 管理措施

加强现场管理，可委派专人（技术员）对现场安装质量进行检查，及时指出问题，避免大量返工。

2. 组织措施

作业队长应根据现场情况分配人员，避免出现窝工现象。班组长应合理规划作业人员，对于一些关键位置应设专人负责。

3. 技术措施

(1)编写施工作业指导书，下发到作业班组，并组织全部施工人员进行工序施工前培训，领会交底书、作业指导书内容及相关规范要求，做到工作有依据可查。

(2)技术人员必须在每道工序施工前进行样板交底，完成后根据规范检查，并填写质量检查记录表。

(3)加强工人技能培训及对仪器仪表的正确使用。

第 9 章 通信系统地铁轨行区安装工程施工工艺

9.1 工程概况

西安地铁通信系统轨行区施工主要分为电缆支架安装、线缆敷设、轨旁设备安装三部分。

电缆支架安装包括：区间引入车站爬梯安装，轨行区电缆托架、接地扁铁安装，漏缆卡具安装，LTE 光缆盘留架、过轨钢管埋设等施工内容。

线缆敷设主要包括：专用通信相关线缆（干线光缆 144 芯、72 芯、36 芯等多种规格，区间通信电缆、专用无线通信漏缆、区间广播电缆等，公安通信光缆（144 芯），LTE 系统相关线缆（12 芯光缆、3×6 mm^2 电源线等）。

区间设备安装主要包括：专用广播系统区间扬声器安装，专用电话系统区间电话安装，专用 LTE 系统的光电交接箱、合路器(POI)、射频远端单元(RRU)安装等。

9.2 施工流程及工艺

轨行区安装工程施工流程如下：施工准备→电缆托架及其他基础设施安装→线缆敷设及引入成端→区间设备安装→线缆接续及成端→线缆测试。

9.2.1 施工准备

施工准备工作主要包括：区间及车站通信线路定测；物资备料及进场报验；大宗材料的二次运输；施工计划安排及相应报批手续；施工资源的组织及准备工作。

1. 线路定测

定测内容：区间线路长度，引入车站径路及长度，漏缆换接位置及各类型缆线长度，光缆绝缘节安装位置，特殊地形的施工方案，人防门处的管孔预留规划。

对设备位置在墙体上进行标记（区间广播、LTE 的 RRU、轨旁电话等）。根据定测记录编制"定测台账"、特殊地形的施工方法技术方案等。

2. 物资准备工作

专业工程师根据设计图纸及定测台账编制"备用料计划"，经总工审批后送物资部。物资部筹备材料采购、二次运输及仓储等工作。

物资进场后物资部门组织物资进场检验、报验。物资部门组织电缆托架生产厂家对各区间、不同类型隧道进行现场测量，以保障各隧道电缆托架安装后托板能保持水平，托架与隧道壁密贴，满足规范要求。

供货方在电缆托架包装时需注明所使用的区间、隧道类型，便于电缆托架的安装工作。

(1)线缆类进场报验

首先根据到货清单在开盘前同监理工程师核对光电缆规格、程式、盘号和盘长，检查外包装、出厂产品质量合格证和测试记录单是否符合设计和合同要求，检查光电缆外观有无损伤，端头封装是否良好，填报工程材料开盘记录并经监理签认，并对缆盘进行统一编号。收集光电缆出厂记录和合格证，工程竣工后作移交归档。

线缆类材料需要进行单盘测试，单盘测试内容如下：

1)光缆：使用 OTDR 测试衰耗指标。

2)电缆：使用万用表/电桥、兆欧表测试环阻、绝缘电阻，进行芯线对号。

3)漏缆：使用兆欧表、驻波比测试仪测试绝缘、驻波比等指标。

所有测试记录按标准表格填写并存档，作为竣工资料的组成部分。

(2)锚栓类进场报验

锚栓类需要进行拉拔测试，若锚栓为进口产品，则应附带相关批次产品的报关证明资料。

(3)其余设备材料报验

托架、支架、扁铁类材料、甲供设备等需要进行相应检查并报验，一般为感观识别。各类材料、设备的附带技术指标证明文件、第三方检测报告等均应分类收集整理，作为报验资料的一部分。

3. 大宗材料二次运输

运输内容：光缆、电缆、支架、卡具、扁铁、LTE-RRU 等。

运输方式：由中心料库组织，作业队依据清单逐区间(站)屯放材料。

堆放原则：根据施工进展情况，满足施工需求。

4. 相应报批手续

轨行区施工需要与轨道专业协调沟通施工区域，填写相应配合协议。轨行区作业之前必须指派专人办理施工请点手续，在请点施工结束后必须及时销点。无施工请点手续禁止进入轨行区。

5. 施工资源准备

组织相应的作业队、外协队，并对队伍进行技术交底、技能培训。准备施工所需的各种工具、设备。如：作业平推车、梯子、配电箱、电锤、手锤、扳手、工具包、平板车、放缆支架等。

作业人员按照每组 8 人配置，详细人员配备见表 9-1，主要工机具配置见表 9-2。

表 9-1　电缆托架安装所需劳动力

序　号	工序名称	主要作业内容	人　数
1	标高测量、画线	确定电缆托架安装位置	2
2	电钻打孔	盾构壁上打孔	1
3	托架安装	电缆托架安装固定	1
4	材料运送	材料运送，操作平台移动	2
5	区间安全防护	作业点两端进行专人防护	2

表 9-2　主要工机具配置

序号	工机具名称	规格型号	数量	用　途
1	发电机	1 500 W	1	提供现场照明及安装用电
2	移动式操作平台	自制	2	现场安装施工平台
3	冲击电钻		2	盾构上打孔
4	卷尺	5 m	2	确定电缆托架安装间距
5	水平尺		1	电缆托架安装后测量水平度
6	墨斗		1	画线
7	记号笔	红色	4	确定安装位置
8	梅花扳手		2	电缆托架及接地扁钢的固定
9	电动扳手		1	固定锚栓
10	手锤		2	扁铁整形
11	液压开孔器		1	接地扁钢安装位置打孔

9.2.2　电缆支架安装

1. 区间电缆托架安装

待隧道盾构内铺轨完成后，即可开始电缆托架安装，根据设计标高，采用移动式作业平台进行安装。采用流水线式作业，分别进行画线、打眼、安装等工序。

施工流程：画线→打孔→安装电缆托架→安装扁铁→检查验收。

(1)画线

根据设计图纸确定电缆支托架的安装位置和标高，一般以轨面为基准点确定托架的安装高度，每 30 m 确定一处基准点，在两点间使用墨斗进行弹线。水平画线完毕后，按照每 1 m 安装一个电缆支托架的间距，使用托架模具，用记号笔画出所有需要打孔位置。如图 9-1 所示。

(2)打孔(图 9-2)

根据设计锚栓的规格选择相应钻头和打孔深度。打孔完毕后应用气筒清除孔洞内碎屑，如图 9-3 所示。

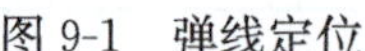

图 9-1　弹线定位

图 9-2　打孔

(3)安装托架

根据现场的隧道类型,选择直臂或圆弧形电缆托架,采用电动扳手将托架固定在隧道壁上,如图 9-4 所示。

图 9-3　清除孔洞内碎屑

图 9-4　托架安装

(4)安装接地扁铁

区间电缆支托架安装完毕后,即可进行接地扁铁安装。扁铁在支托架固定的孔位,需要在现场进行打孔,与托架下端预留空位相对应。扁铁安装应平直,无扭曲、起伏等现象。所有扁铁需首尾连接,安装完毕后在站台两端按照预留接地体位置,使用软铜线统一接地。

在特殊地形处的扁铁因电缆托架路径的变动需做适当处理:变形处做“麻花”(扭 90°,使扁铁由垂直地面变成平行地面,使扁铁能随电缆托架径路变动)处理,保证扁铁一次贯通。

扁铁连接螺栓必须使用热镀锌处理,避免螺栓因潮生锈,失去效力。扁铁之间的连接螺栓必须使用双螺栓固定,每套螺栓务必配件齐全,带有螺栓弹片、弹垫等。

(5)检查验收

1)电缆支托架规格及安装位置符合设计要求。

2)电缆支托架接地良好,接地电阻符合设计要求。

3)电缆支托架固定牢固、可靠。

4)立柱垂直,托板水平,托架间距均匀,整齐划一。

5)电缆支托架安装完毕后严禁超出限界。

托架安装效果如图 9-5 所示。

安装完毕的弧形托架

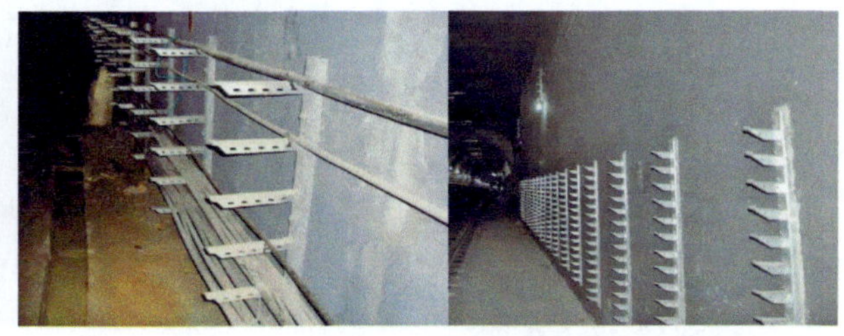

安装完毕的直臂托架

图 9-5　托架安装效果

(6)易出现质量问题及控制措施

1)标高控制。施工时严格按照施工设计图安装,确保标高正确。一般以轨面为标高基准点来确定托架安装高度。30 m 左右进行一次校准。

2)间距控制。区间电缆托架安装间距为 1 m,避免因距离过大影响线缆平整度。裂缝处、隧道变形处等适当加密。

3)牢固度控制。电缆托架安装完毕后应对其安装质量进行检验,严禁出现晃动现象。

4)接地扁铁。扁铁与托架固定牢固、可靠,垫片、弹片齐全,扁铁固定平直。接地扁铁在地面裂缝处应适当余留。扁铁连接时不少于 2 个螺栓,接头处扁铁搭接长度不小于扁铁宽度的 2 倍。

注意事项:隧道壁上打废的孔应及时用水泥封堵。

2. 区间引入爬架

爬架规划:各车站按照土建余留的区间引上预埋钢管宽度,确定爬架的宽度。爬架顶端靠近钢管口,爬架地段与托架地段对齐。

爬架加工:爬架使用∟50 角钢及扁钢加工。爬架整体加工成矩形,使用扁钢间隔焊接电缆固定横挡,横挡间隔约为 50 cm,可根据爬架宽度适当调整。扁铁横挡上间隔 2～5 cm 打孔,用以绑扎固定电缆。在爬架两侧加装固定角件,在两侧均匀排列。

区间爬架处光电缆及漏缆走线如图 9-6 所示。

图 9-6 区间爬架处光电缆及漏缆走线

3. 漏缆卡具安装

(1)隧道内钻孔

1)孔应打在画线位置上,孔距为 1.0 m。

2)使用 ϕ8 mm 钻头在墙体上垂直钻孔,孔深 50～55 mm,建议为 53 mm,孔眼要求平直,不得成喇叭状,如图 9-7 所示。设计或厂家对钻孔的直径或孔深有特别要求时应满足。

3)用吹灰器清除干净孔内粉尘,如图 9-8 所示。

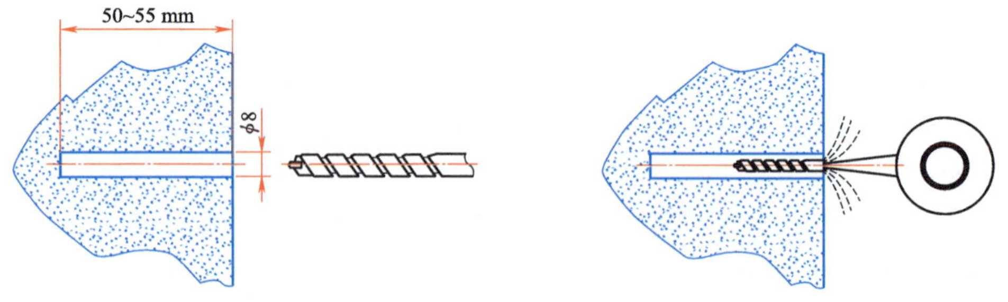

图 9-7 钻孔示意图

图 9-8 孔内清洁示意图

(2)隧道内卡具安装

1)安装膨胀螺栓:装入膨胀螺栓,使用扳手紧固螺母,如图 9-9 所示。

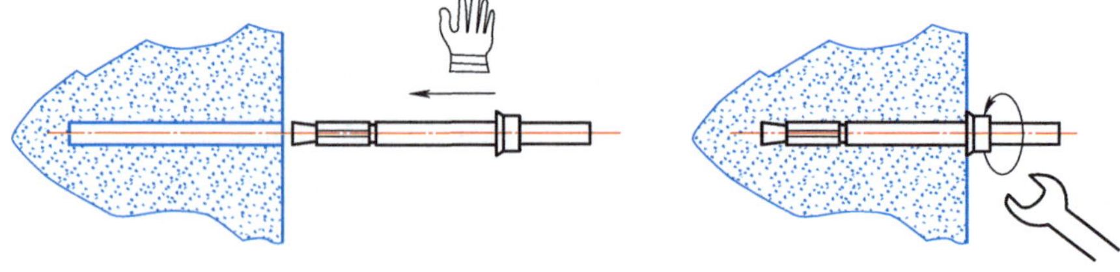

图 9-9 膨胀螺栓安装示意图

2)卡具安装:按顺序安装螺杆或固定座、卡具,如图 9-10 所示。

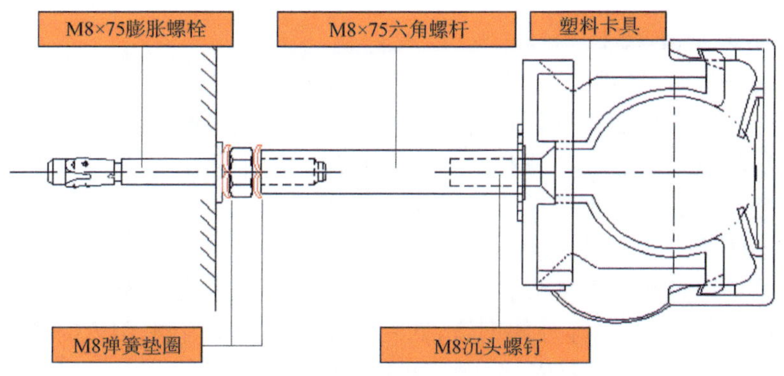

图 9-10　卡具安装示意图

3)隧道内卡具安装要牢固,注意卡具的开口方向。

4)防火卡具间距应符合设计要求,一般每安装 3 个普通卡具安装 1 个防火卡具,卡具安装效果如图 9-11 所示。

安装完毕的漏缆卡具

特殊地段漏缆卡具使用扁铁过渡

图 9-11　卡具安装效果

9.2.3　区间光电缆敷设

1. 光电缆敷设

区间光电缆敷设以平板车敷设为主,漏缆以人工为主。区间漏缆敷设首先把缆盘支到站台上,以人工为主把漏缆拉到区间卡具上卡好。光电缆敷设过程中切勿交叉缆线。光电缆在区间爬架进机房处,缆线要预留准确,以免在另一头爬架处光电缆不够，困此测缆时一定要准确，以免后期返工。区间测缆分多组多次进行，使测缆准确、无返工。

2. 光电缆余留、绑扎

光电缆进站时，在进站口作 5～8 m 余留；通过隔断门时，作 3～5 m 余留。

将光电缆平直地摆放到规定的支架托板上并绑扎牢固，再由专人从一端理顺绑扎，避免发生拱起、扭绞与背扣。如托架上有多条缆线时，将其摆放整齐，保证光电缆不重叠、不交叉，较重的缆线放在托架内侧。

3. 区间特殊地形光电缆敷设

区间线缆经过爬架引入设备机房时，在引上部位的线缆排列原则如下：高处的线缆在爬架外侧，引入时穿外侧钢管；低处的线缆在爬架内侧，引入时穿内侧钢管，如图 9-12 所示。注意预留信号的钢管和爬架绑扎位置。

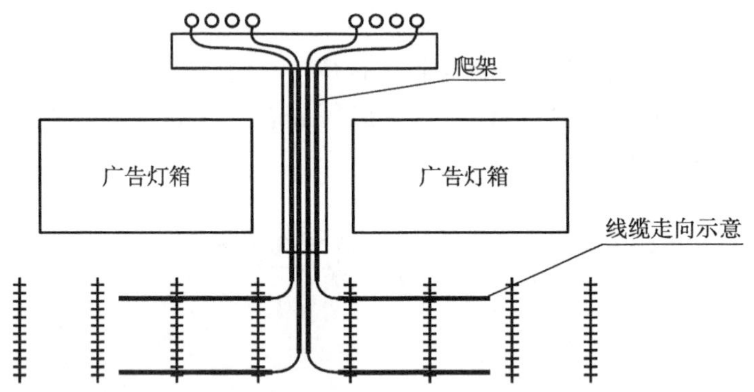

图 9-12　线缆经过爬架引入设备机房的排列原则

特殊地形光电缆敷设如图 9-13 所示。

9.2.4　区间设备安装

1. LTE 区间 RRU 设备安装

安装流程：安装定位 RRU 设备位置→连接 1/2 缆→电缆引入→光缆引入→箱体接地→成品保护。

(1)安装定位

选定安装位置前，应注意避让信号专业的信号机、转辙机等设备。

选定一块宽 4 000 mm 左右的空间，尽量选择隧道壁平整，水平的位置。

RRU 设备排布如图 9-14 所示，POI、RRU、光电交接箱箱底沿标高 1 100 mm 固定。

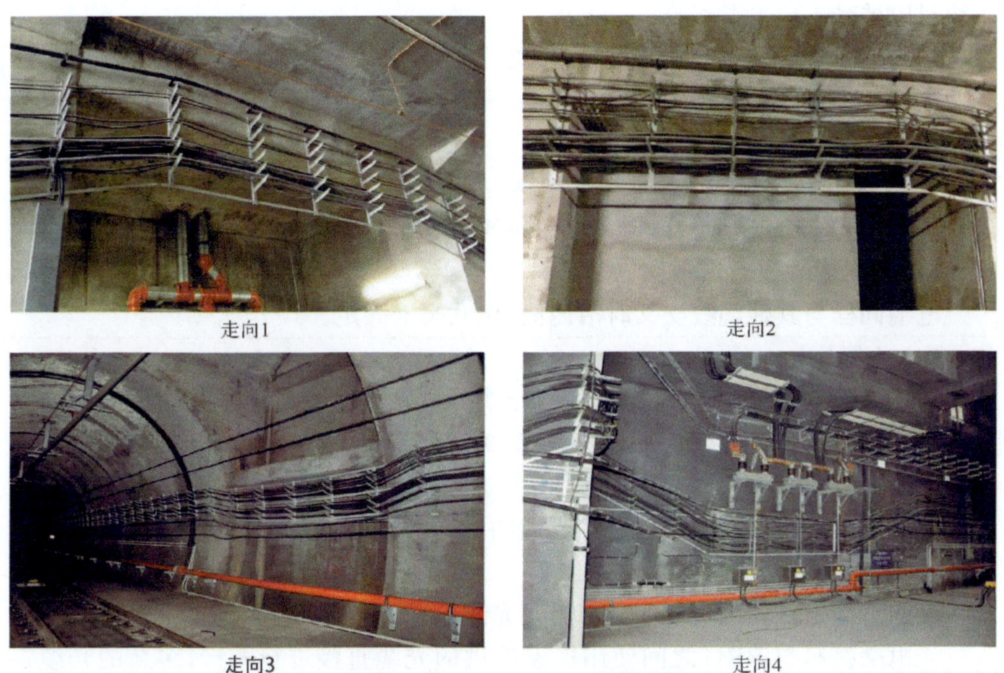
走向1　走向2　走向3　走向4

图 9-13　特殊地形光电缆敷设

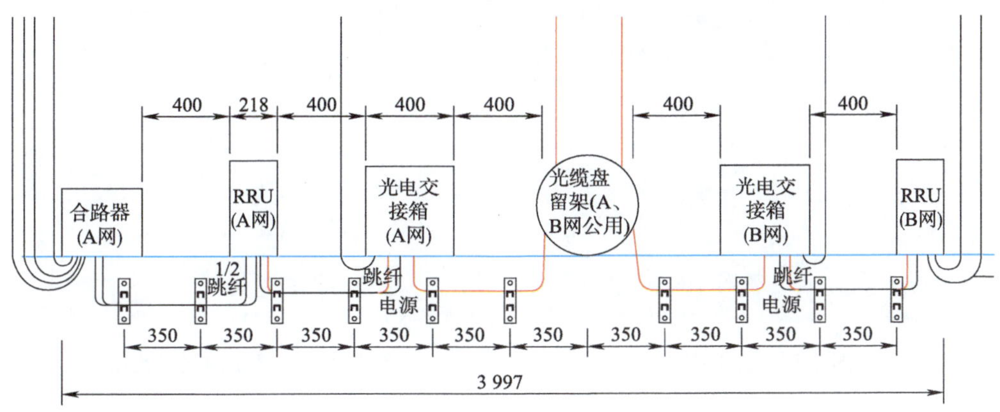

图 9-14　LTE 区间 RRU 设备安装排布(单位:mm)

(2)连接 1/2 缆

使用 1/2 缆将 A 网漏缆和 POI 接口连接,车站放置区间的两根 7/8 缆同样使用 1/2 缆和 POI 接口连接。B 网漏缆直接使用 1/2 缆与 B 网 RRU 连接,注意连接线对应关系。

两头的接头用防水胶泥缠好，再用绝缘胶带缠好。将 1/2 缆用欧姆卡固定在洞壁上。

(3)电缆引入

LTE-RRU 电源线为 $3\times6\ mm^2$ 电缆，布放在电缆托架上，直接使用穿刺线夹分支引入至光电交接箱空开进行成端，再通过 $3\times2.5\ mm^2$ 电源线从空开下侧引入至 RRU 电源模块进行成端。

电缆同样与其他缆线交叉时沿内侧，用欧姆卡固定。

(4)光缆引入

LTE 系统使用 12 芯光缆，A、B 网光缆分别在光缆盘留架盘 3 圈后引入光电交接箱进行开剥，并用欧姆卡固定。如图 9-15 所示。

光缆在光电交接箱内成端 4 芯，其余直熔。成端的 4 芯中 2 芯备用，另外 2 芯为一收一发，单数接收，双数发送。成端的尾纤需统一做好标识或编号，便于以后查找。

加强芯固定在箱内左侧固定卡上。光缆束管外露部分用蛇形管套上。

光电交接箱与 RRU 之间使用厂家提供的光缆直接进行跳接，多余的光缆在光电箱内进行盘留，如图 9-16 所示。

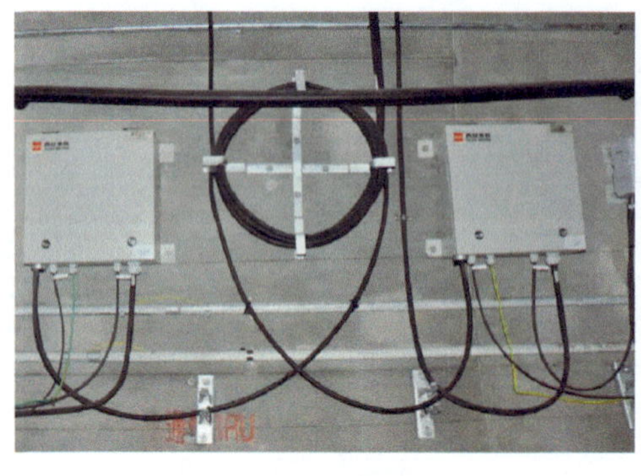

图 9-15　光缆引入

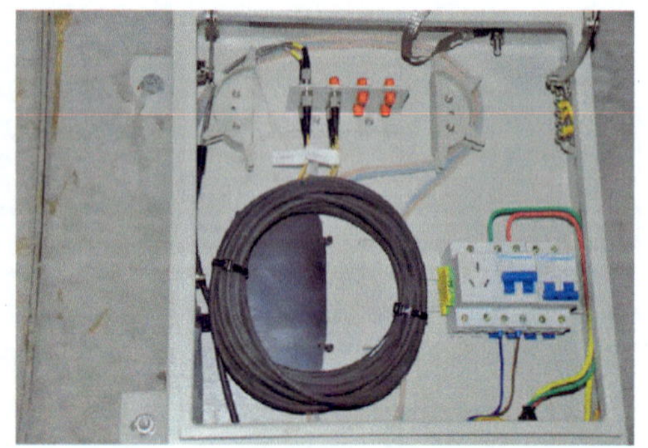

图 9-16　交接箱内光缆盘留

(5)箱体接地

区间 RRU 设备接地使用 $16\ mm^2$ 地线从区间接地扁铁引下，再使用 $6\ mm^2$ 地线与光电交接箱、RRU 设备外壳进行连接。RRU 设备安装效果如图 9-17 所示。

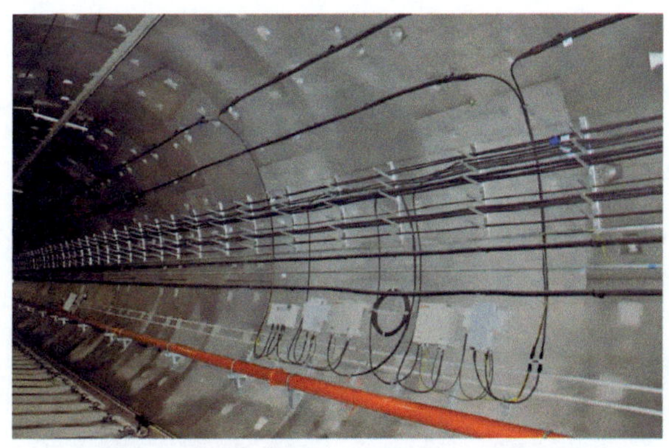

图 9-17　LTE-RRU 设备安装完成效果图

(6)成品保护

施工完毕锁好箱门,用彩条布将 RRU、POI、光电交接箱包好。

2. 专用轨旁电话安装

(1)在轨旁电话点位置选定具体开剥位置。拉链热缩管总长 45 cm,内铝套管 26 cm。原则上要让分歧缆和热缩段在 1 m 托架间距之内。不能在地面裂缝或其他有障碍的位置安装轨旁电话。

分歧缆规划在接头的左侧,主缆的下侧。热缩管的拉链规划在接头的上侧。

(2)开剥电缆。开剥 20 cm 即可,开剥后不要清理油脂。开剥时 20P 电缆内层护套长出外层护套 1 cm。

找出相应的线对,线对根据设计线路图分配的线对接线,不要掐断。

(3)开剥 20P 分歧缆。将分歧缆一端开剥 20 cm,内护套长出外护套 1 cm。

(4)参照拉链热缩管说明书,将隔热带位置用砂纸打磨干净,粘贴隔热带。隔热带分成三段,分别粘贴在主缆两端和分歧缆端。隔热带与热缩管重合 1 cm,其余部分要外露。

粘好后将分歧缆用扎带固定在开剥段的左侧对齐。

(5)用分歧接线子与分歧缆的第一对线(白蓝)接上。

接线位置:两个接线子位置互相错开。

接线顺序:分歧缆白色接主缆线对的主色,如黑色(黑蓝线对);分歧缆蓝色接主缆线对的次色,如蓝色(黑蓝线对)。其余线对顺方向余留即可。

(6)连接电气连接线。电气连接线有三个头,分别接主缆两端外层金属护套和分歧缆外层金属护套。如图 9-18 所示。

(7)将缆线用绝缘胶带包扎严实。

(8)安装金属内护套并用胶带包扎两端和中间固定。

(9)安装热缩管和分歧线夹。分歧线夹安装在分歧缆和主缆的缝隙,注意调整热缩管方向,拉链向上,分歧缆在主缆正下方。

(10)用热风枪或喷灯加热热缩管。注意加热时从中间向两边进行,如图 9-19 所示。

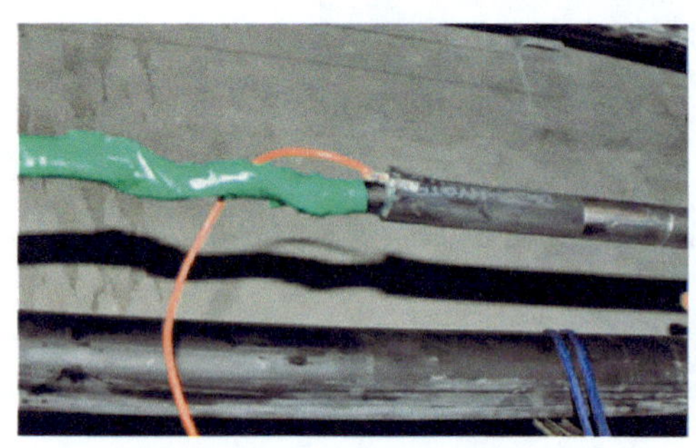

图 9-18 连接电气连接线

图 9-19 加热热缩管

(11)将缩好的分歧头调整好位置,顺直主缆,在托架上绑扎两端固定。

(12)将分歧缆按圆形弧度沿洞壁垂直顺下来,在分歧缆下垂线上,按区间电话标高定出分线盒的安装位置,如图 9-20 所示。

图 9-20 定分线盒安装位置

在电话机的标高位置下方有两路 FAS 管,电话机和分线盒的位置可以参考

FAS 管的位置:电话机底板离 FAS 管 1～2 cm,即为电话机高度;电话机与分线盒上沿对齐(电话机上沿,不是电话机底板上沿)。

(13)安装电话机和分线盒。

(14)将分歧缆设计好进线位置和长度,开剥分歧缆,开剥位置在进入盒内 10 cm 左右为宜。芯线余留长度 15～20 cm 为宜。

开剥位置用黑色普通热缩管缩好。在分歧缆进线堵头处缠绕胶泥和防水胶带。

(15)将电话机线穿入分线箱,与分歧缆第一对线用接线子接好,其余芯线预留,并用胶带包好。

(16)处理好分歧缆的弯曲和垂直度。分歧缆从热可缩出来后留 10 cm 直线距离并用扎带扎两道;分歧缆向下弯曲时尽量呈圆形弧度;向下的一段要垂直,可在扁铁上固定一下。

(17)处理好电话金属软线的位置和弧度。

(18)注意事项:

1)分线盒在左,电话在右。

2)先选好做分歧的位置,做完分歧后根据分歧缆下垂的位置确定分线盒的位置,不要先装分线盒再做分歧。

3)分歧缆与其他缆线交叉、分歧缆下垂与其他缆线交越时,分歧缆布设在其他缆线内侧,即紧靠洞壁。

4)做好分歧接头后,将接头摆正,两侧在托架上固定一下,方向与主缆顺直,不应使接头上翘变形。

3. 专用区间广播

专用区间广播安装高度 3. 37 m,广播朝向列车行车方向。区间广播采用 L 形支架固定在隧道壁上。

(1)施工流程

1)首先根据车站起点、终点里程位置,在区间标注出广播安装位置。

2)从靠近车站屏蔽门端门处往区间方向推移的合适位置设置第一个隧道扬声器,以后每间隔 150 m 左右设置 1 个,以此类推。如某些地段出现复杂或特殊情况时可适当调整安装位置。

3)隧道扬声器电缆采用 DN20 镀锌钢管防护,扬声器均采用并接方式,在主干及支线上作电缆接续,接续方式用接线子连接,外套用热缩套管防护。

4)广播分歧金属软管尾线用欧姆卡固定,欧姆卡间距分布均匀,如图 9-21 所示。

(2)安装效果

广播安装位置须安装在两托架之间,保证美观,如图 9-22 所示。

图 9-21 欧姆卡固定尾线

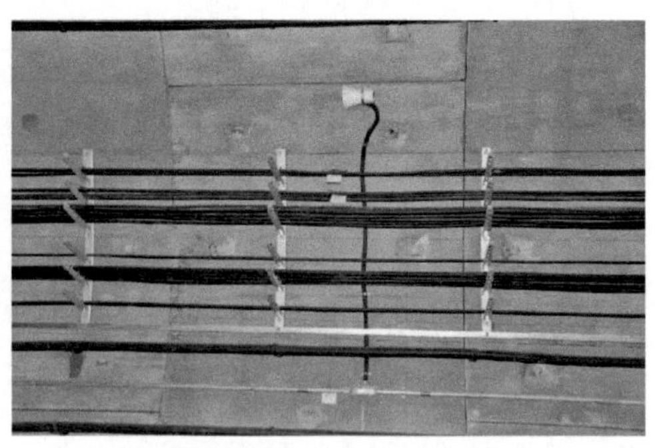

图 9-22 广播安装效果

9.3 安全措施

9.3.1 主要安全风险分析

隧道内施工,由于受现场用电及临时照明影响,同时存在高空作业。因此,作业人员施工过程中必须切实做好安全防护工作,进场前必须经专业培训,达到要求后方能进场作业。

9.3.2 安全保证措施

(1)区间施工必须设置安全防护员。防护员上岗前必须由安质部进行安全培训,经考试合格方可担任安全防护工作。

(2)加强对外协队的安全教育、安全交底、现场安全监控工作,严防安全事故发生。

(3)现场用电严格执行“一电一箱一闸一漏”,对进场人员进行用电安全交底,同时做好记录。

(4)电动工具、配电箱及配电线缆在每日使用之前需要做外观检查。发现破损及时修复或更换,防止发生漏电。

(5)移动平台在每日使用前进行安全检查,确保操作平台平稳牢固。有移动滑轮的平台要配备刹车装置。

(6)施工现场存在高空作业时,做好“三宝”防护用品配备,发放应有记录。

(7)现场施工严禁出现材料及工机具抛掷现象,做好人员及工机具保护工作。

9.4　环保措施

施工完毕后做到工完料清，对区间设备、材料等产生的包装垃圾、施工产生的垃圾及时进行清运，避免对隧道造成污染。

第 10 章　地铁无线室分系统安装工艺

10.1　工程概况

西安地铁无线通信系统主要有专用无线通信系统(800 M 数字集群),公安无线通信系统(350 M 模拟集群),民用无线通信系统(三大运营商各制式基站和 RRU)。三个无线系统在使用功能和面向用户应用各有不同,其中专用无线和公安无线合用同一套室分系统,民用无线则是三大运营商合用同一套室分系统。

由于室分系统是无线信号覆盖的基础,室分系统施工质量的好坏则决定了无线通信工程的质量。地铁无线通信室分系统有以下特点:

(1)多系统、多制式共同存在于一个狭小的空间内,容易造成相互干扰。

(2)安装工作量大,无线室分系统安装量占到了总工程量的 70%以上。

(3)无线天馈线系统对安装工艺要求高。

(4)多系统设备、材料同一地点安装、架设,对施工物资组织的准确性要求高。

10.2　地铁无线室分系统施工特点

地铁无线通信室内分布系统信号分布的基本方式:

1. 无源天馈分布方式(站厅、出入口采用)

无源系统主要由分/合路器、功分器、耦合器、馈线、天线组成。无源系统没有有源设备,所以故障率低、可靠性高,几乎不需要维护,且容易扩展。但信号在馈线及各器件中传递时产生的损耗无法得到补偿,因此覆盖范围受信源输出功率影响较大。如图 10-1 所示。

2. 有源分布方式

有源系统主要由干线放大器(光纤直放站)、功分器、耦合器、馈线、天线组成。有源系统中的有源设备可以有效补偿信号在传输中的损耗,从而延伸覆盖范围,受信号源输出功率影响较小。有源系统广泛应用于各种大中型室内覆盖系统工程。

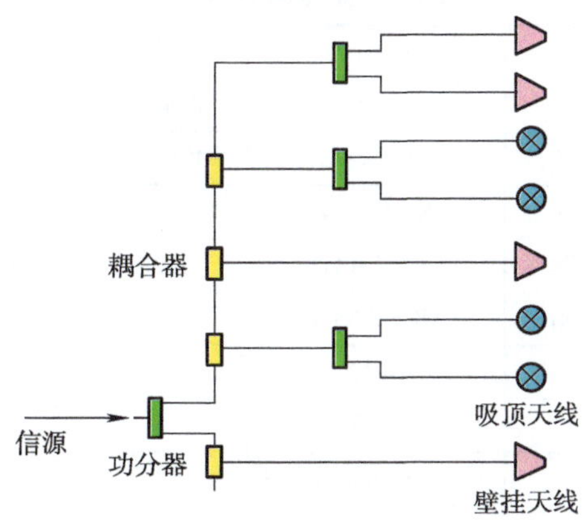

图 10-1　常用无源室分系统示意图

3. 光纤分布方式(民用通信区间采用的方式)

把基站直接耦合的信号转换为光信号,即通过电光转换,利用光纤将射频信号传输到分布在区间各个区域的远端单元,在远端单元再进行光电转换,经放大器放大后通过天线(或者漏缆)对室内各区域进行覆盖。

4. 泄漏电缆分布方式(地铁三种无线区间、站台采用的方式)

把基站或者光纤直放站(RRU)的射频信号,通过漏缆传输,并向外辐射覆盖的方式。这种方式传输稳定、可靠。

10.3　无线室分系统施工流程及工艺要点

无线室分系统主要工作量在于无源天馈分布方式施工,它的工作量大,要求点位精度高,设备、材料规格繁杂,交叉作业干扰严重,是质量控制的重点和难点。

根据施工特点可分为电缆接头、天线安装、线缆敷设三个重点。

10.3.1　地铁无线室分电缆接头的安装工艺

1. 目的和意义

统一施工人员在工程施工中制作馈线接头的方法和提高馈线接头的制作工艺水平,避免因工具或人为原因导致天馈线系统驻波比过高,造成网络性能下降和引起隐性故障。

2. 馈线接头制作工具要求

制作馈线接头必须使用专用的工具,见表 10-1。

表 10-1　馈线接头专用工具

序号	工具名称	型号规格	配件型号	功　能	备注
1	SITE MASTER	331D	校准端子	接头性能测试	专用
2	7/8″普通馈线切割刀	MCPT-78	MCPT-BK5	切割馈线制作接头	专用
3	1/2″普通馈线切割刀	MCPT-L4	MCPT-BK4	切割馈线制作接头	专用
4	1/4″、1/2″超柔馈线切割刀	MCPT-1412	209874	切割馈线制作接头	专用
5	1/4″、1/2″超柔馈线切割刀	MCPT-3812	209874	切割馈线制作接头	专用
6	铜丝刷	小刷头		清洁馈线切口碎屑	通用
7	活扳手	尺寸适配		拧紧接头	通用
8	呆扳手	19-22 型和 22-24 型		拧紧接头	通用
9	锉刀	细齿		内导体倒角	通用
10	钢锯	细齿锯条		切断馈线	通用
11	螺钉旋具	一字及十字型		拧紧接头配件用	通用
12	美工刀			切割馈线外皮	通用

3. 馈线接头制作要求

(1)馈线切割口处内外导体必须平整光滑，不起毛刺。馈线内外导体表面不能有凹陷，绝缘层表面和内导体内不能残留有任何的金属碎屑。

(2)接头必须拧紧，不得出现松动的情况。接头连接处应紧密，间隙不大于 0.5 mm。

(3)馈线皮切削处的内导体表面应无明显的切割或划痕。

(4)接头包装内的所有配件必须全部使用到位，不能遗漏或少装。

(5)接头包封必须严密不进水。

(6)驻波比测试小于 1.1。

4. 馈线接头制作基本步骤和方法

(1)7/8″馈线接头

此处以 7/8″馈线的 DIN 直式母型连接器为例介绍其制作过程，其他连接器的制作方法请参考厂家说明书。

1)准备制作馈线接头。选取适当的长度和位置(15 cm)制作接头，将多余的馈线用细齿手锯锯掉。确定制作接头段的馈线没有弯曲的情况，必须是直的，对不直的部分需校直段馈线的长度不小于 15 cm。如图 10-2 所示。

2)剥除馈线外皮及切割馈线。如图 10-3 所示，选择在要制作接头馈线断口 5 mm 处的一圈馈线波纹的波谷中央位置，用馈线切割刀对该处的馈线外皮进行环切，用手轻压馈线切割刀，按馈线切割刀旋转的方向进行旋转以恰好能切断馈线

图 10-2　直段馈线

外皮为宜，并应尽量避免切伤馈线外导体。

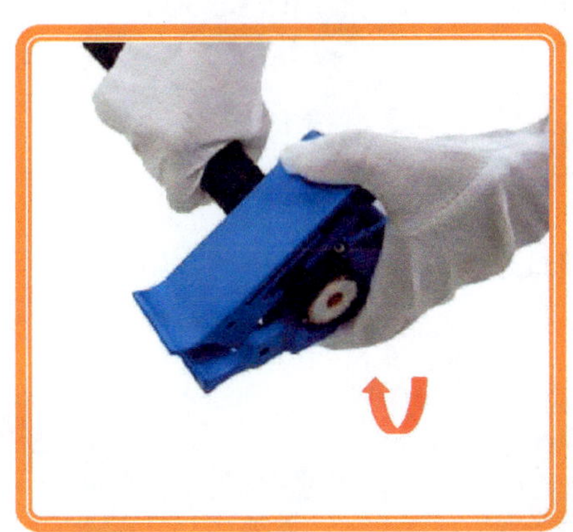

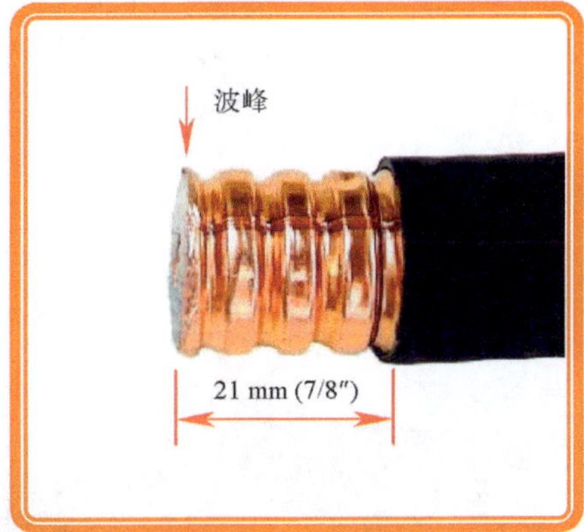

图 10-3　剥除馈线外皮及切割馈线

使用馈线刀从环切处开始向外将这小段馈线皮剥掉，剥削时，馈线刀的刀刃应微微向上，避免划伤外导体的表面。

3)线口处理如图 10-4 所示。

①用金属刷将刚切割好的馈线端进行清洁，如有毛刺的则用锉刀锉平。用钢刷将金属导体内和表面的碎屑清理干净，然后再取一小块防水胶条，对切割口进行粘贴，吸附更细小的金属碎屑，一般粘贴 2 次就能彻底将切割口的碎屑清理干净。

②使用专用的接头扩孔器，顺时针旋转 2～3 圈对馈线口做扩孔和定型。

③用螺钉旋具小心地将清理后的馈线端的绝缘层边缘与馈线的外导体呈 45°角，向内导体方向环绕一圈压开。

4)安装连接器后端，如图 10-5 所示。

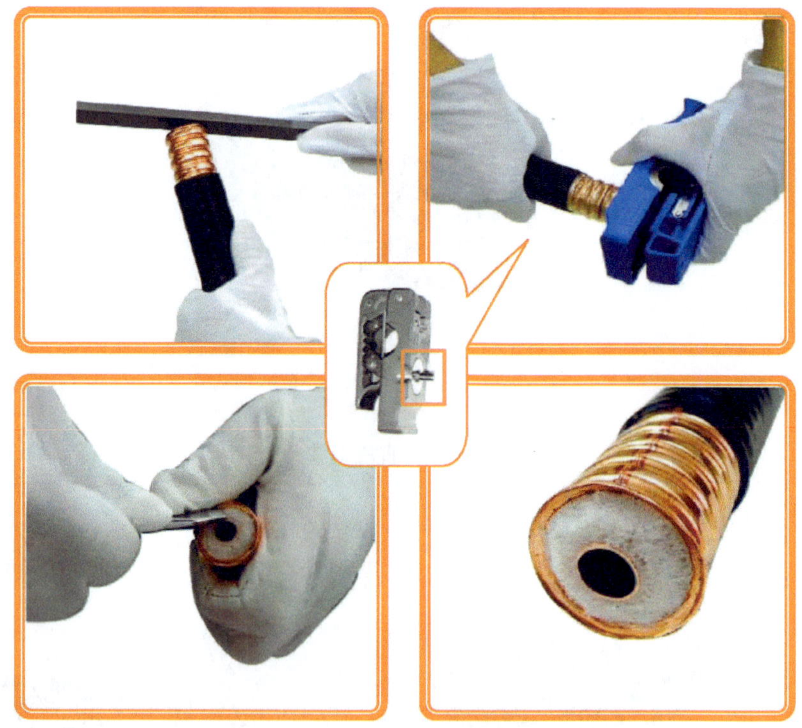
图 10-4 线口处理

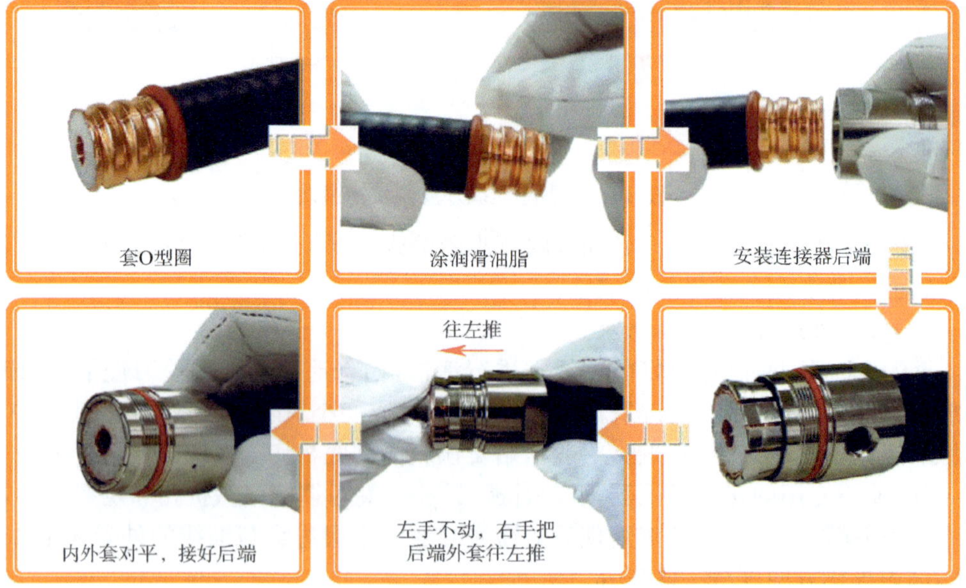

图 10-5 安装连接器后端

5)安装连接器前端,如图 10-6 所示。

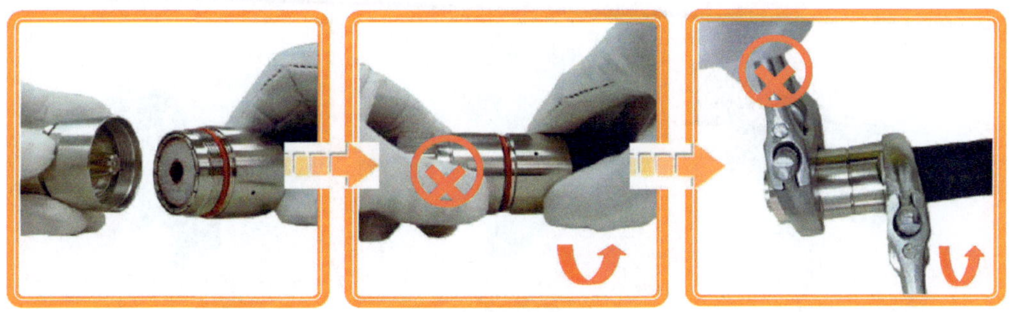

图 10-6　安装连接器前

用手将接头的前端(外套件)和后端(内套件)拧紧,需要注意的是,拧紧的过程中外套件须固定不动,只旋转套在馈线端的内导体,待手拧紧后,再用扳手将接头拧紧。拧紧的方法仍然是旋转内套件,外套件用扳手夹紧固定,直到将接头两边紧密连接到位。

6)制作完成效果图如图 10-7 所示。

图 10-7　馈线接头制作完成

(2)1/2″馈线接头

1)用专用的馈线刀切割馈线,如图 10-8 所示。

2)去除多余的外导体。用尖嘴钳轻轻把外导体去掉,从第二道刀痕起用馈线刀、裁纸刀把外皮切开,注意不要切到内导体,如图 10-9 所示。

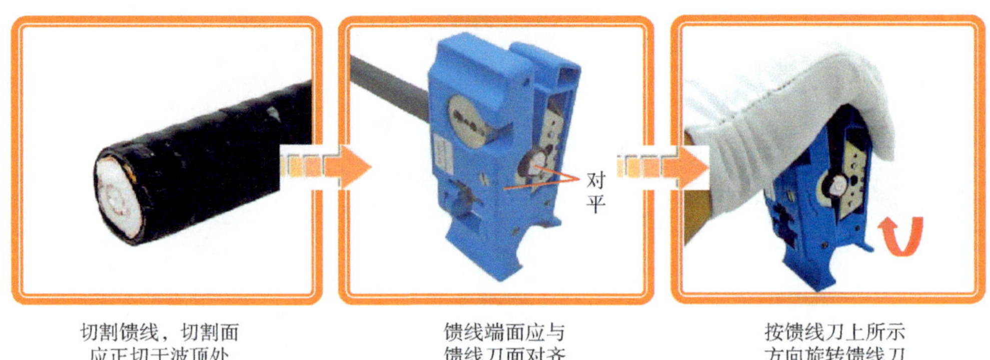

图 10-8　切割馈线

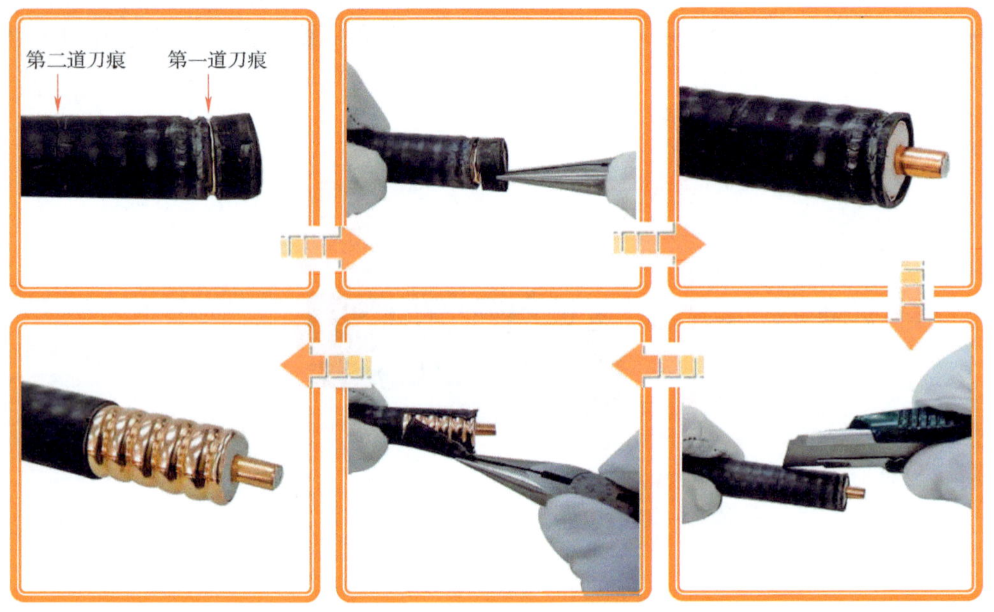

图 10-9　去除多余外导体

3)内导体倒角如图 10-10 所示。

4)将密封圈安装在最后一个波谷,并涂上润滑油脂,如图 10-11 所示。

图 10-10　内导体倒角

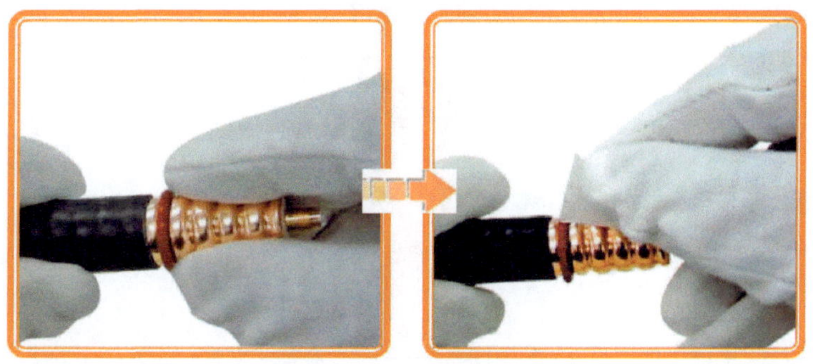

图 10-11　安装密封圈

5)安装接头后端,如图 10-12 所示。

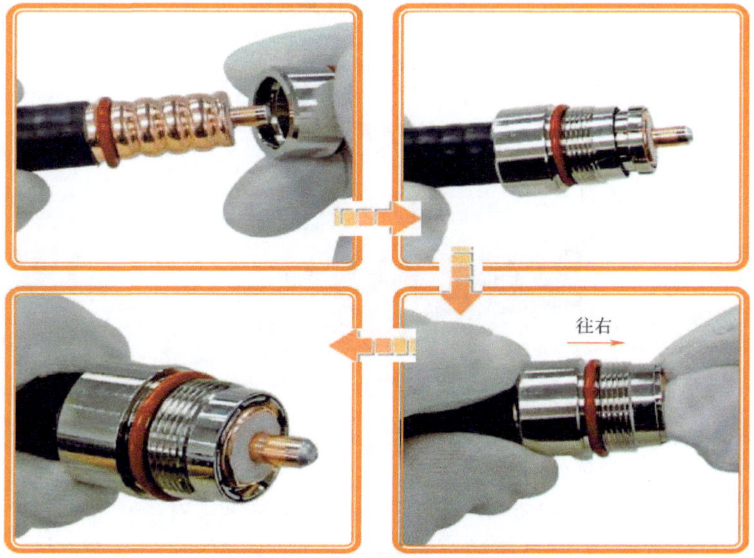

图 10-12　安装接头后端

6)安装接头前端,如图 10-13 所示。

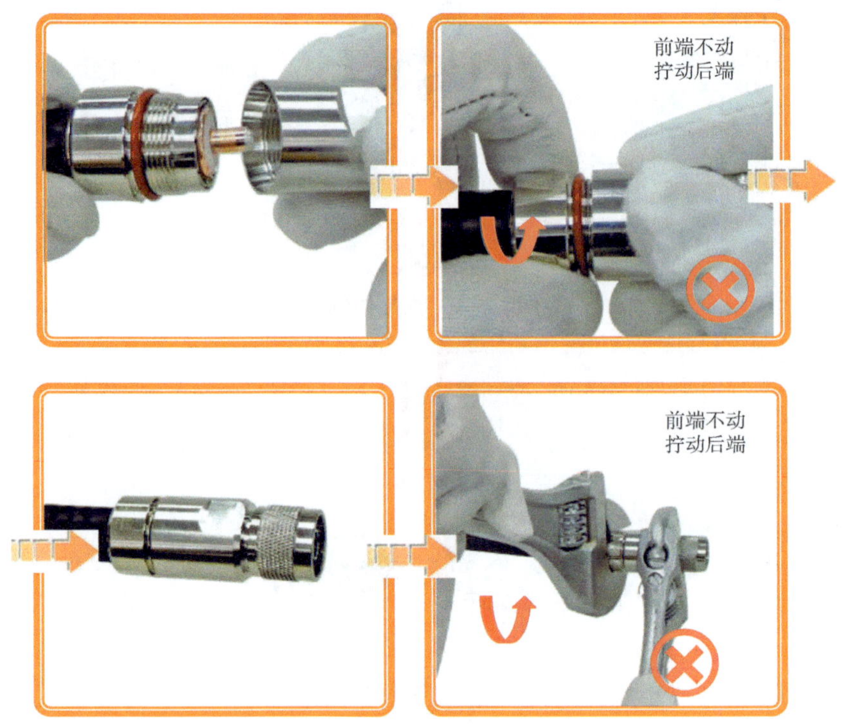

图 10-13　安装接头前端

7)制作完成效果图,如图 10-14 所示。

图 10-14　馈线接头制作完成

(3)馈线接头测试要求

每条馈线的接头制作完成后，必须使用 SITE MASTER 进行驻波比测试，确保馈线段和接头的性能符合要求和技术规范。

1)SITE MASTER 331D 测试，其常用键如图 10-15 所示。

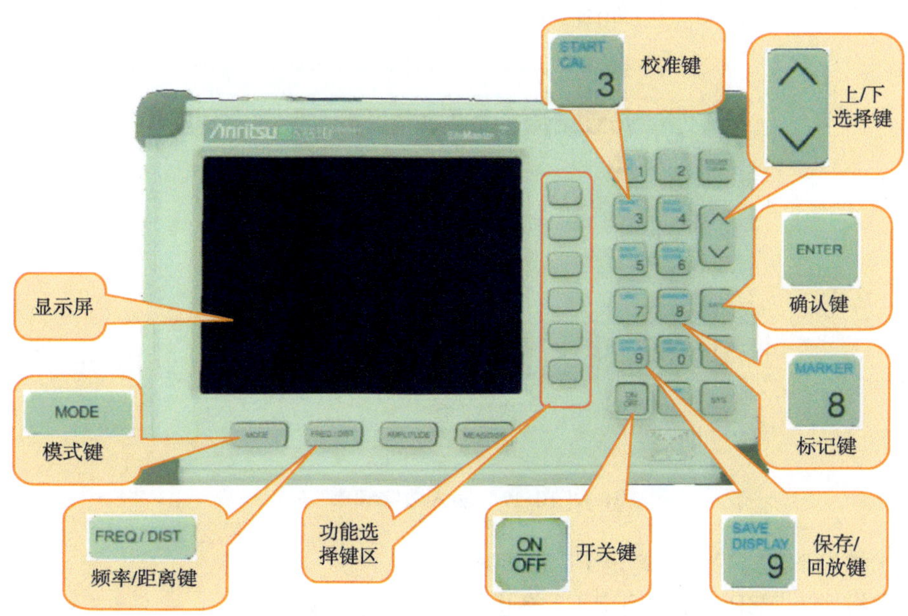

图 10-15　SITE MASTER 331D 常用键

2)测试前的校准程序。

①按"MODE(模式)"键，如图 10-16 所示。

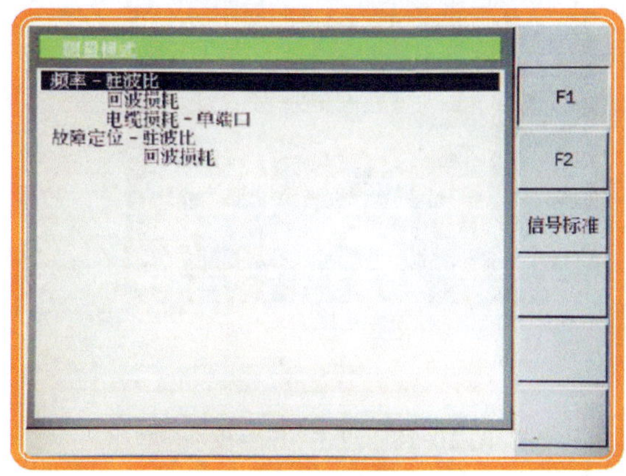

图 10-16　测量模式

②使用“上/下”选择键选择“频率-驻波比”或“频率-回波损耗”。

③按“ENTER(输入)”键来选择“频率-驻波比”或“频率-回波损耗”测量模式。

④按“FREQ/DIST(频率/距离)”键。

⑤按“F1”旁功能选择键。

⑥用数字键输入频率，如图 10-17 所示。

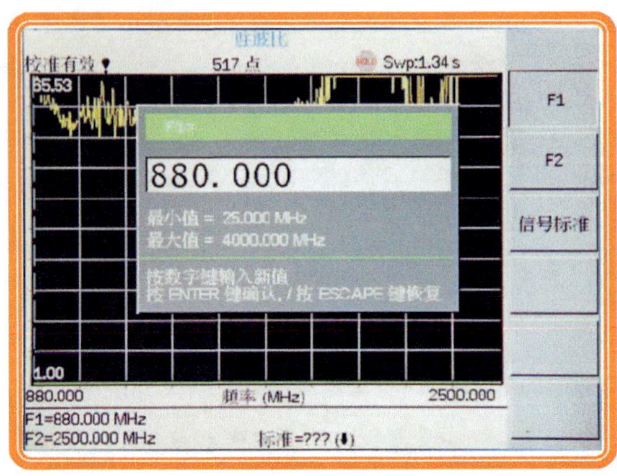

图 10-17　输入数字频率

⑦按“ENTER”键来确定 F1 起始频率。

⑧按“ENTER” 键来确定 F2 终止频率，用数字输入频率。

⑨按“START CAL(开始校准)”键，在屏幕上就会出现“连接开路器或 instacal 模块到信号输出端口”，如图 10-18 所示。

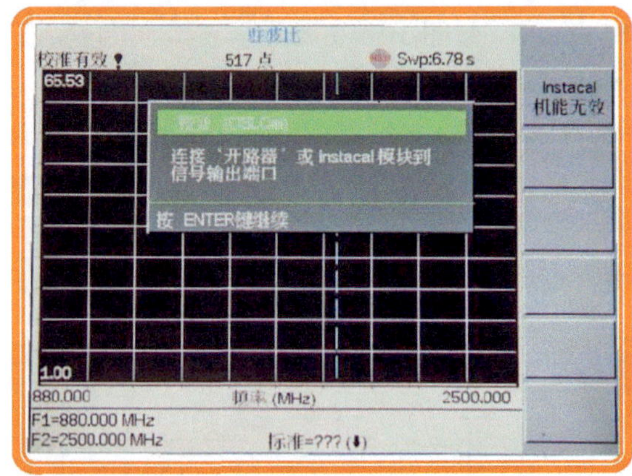

图 10-18　点击“开始校准”键

⑩将开路器端子连接到测试端，按“ENTER”键，就会在屏幕上出现“Measuring OPEN”和“Connector Sort to RF OUT ”“开始测量”和“连接短路器到信号输出端口”字样，如图 10-19 所示。

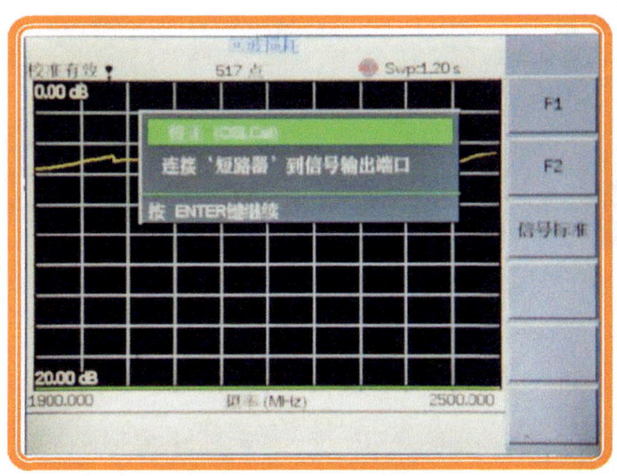

图 10-19　测量开始

⑪将开路器取下，再将短路器连接到测试端，按“ENTER”键，出现“Measuring Short”和“Connector Termination to RF OUT”字样。

⑫取下短路器，将假负载测试端子连接到测试端，按“ENTER” 键，就可出现“Measuring Termination”(测试中)字样核实。

⑬校准是否已经完成可以查看见左上角是否有“校准有效”的字样。

如果校准器为短路器、开路器和负载一体时，校准会由仪器自动完成。如图 10-20 所示。

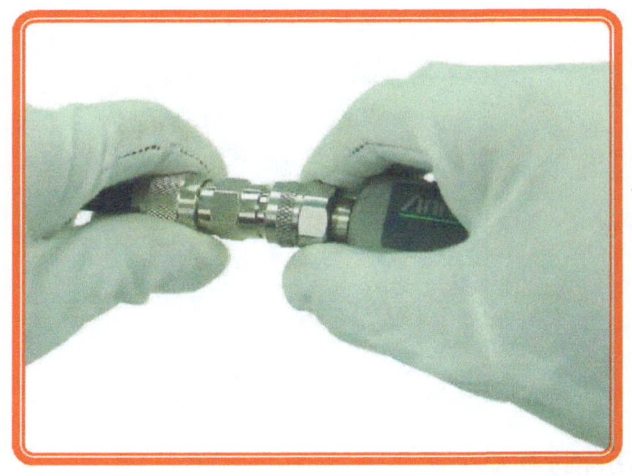

图 10-20　连接短路器、开路器和负载一体校准器

3)接头 DTF(故障点定位)测试。

①把馈线起始端接至仪器测试口,把馈线终端接上负载,如图 10-21 所示。

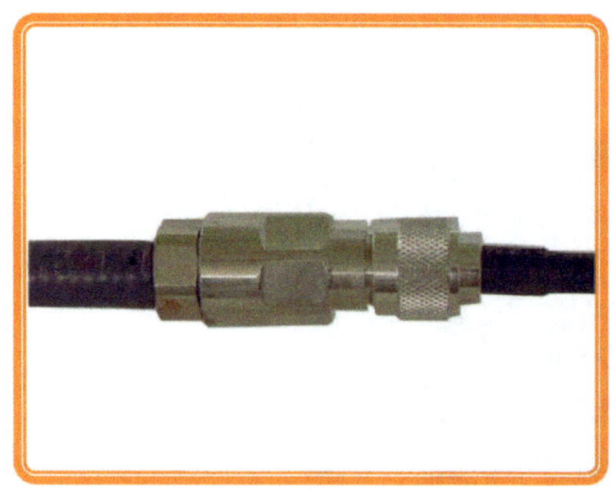

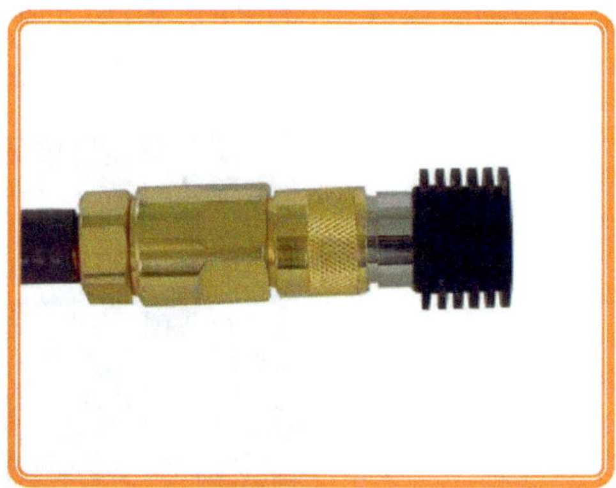

图 10-21　馈线起始端接仪器测试口、终端接负载

②按"MODE(模式)"键。

③使用"上/下"选择键选择"故障定位-驻波比"或"故障定位-回波损耗",如图 10-22 所示。

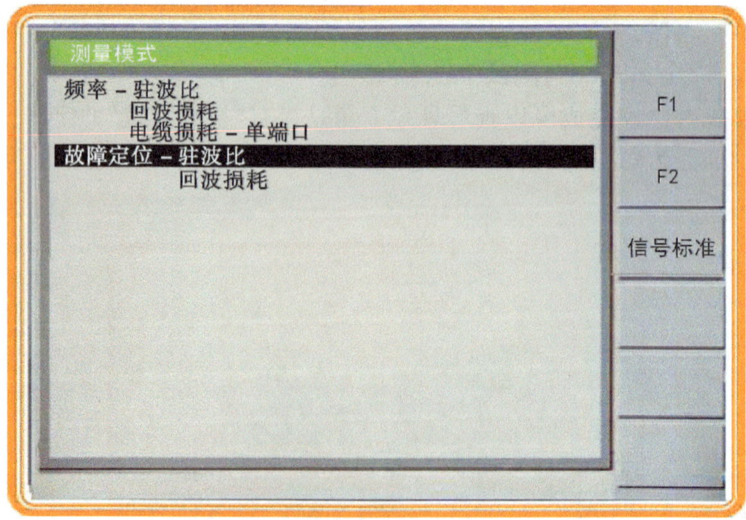

图 10-22　选择故障定位

④按"D1" 旁功能选择键。

⑤用数字键来输入参考起始长度,按 "ENTER"键来确定 D1。

⑥按“D2”旁功能选择键，用数字键输入待测馈线参考终止长度，按“ENTER”键确认 D2，仪器开始自动测试 。如图 10-23 所示。

假如馈线长度为 L，则 D2 应大于 L；L 不能大于仪器的大测试长度。

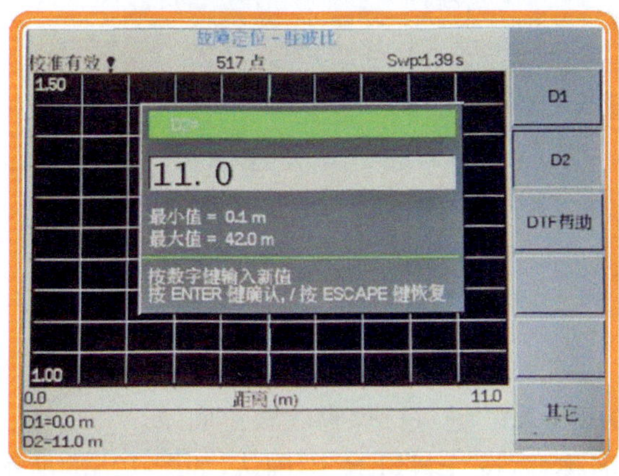

图 10-23　测试开始

⑦按“ MARKER”键，选择“M1”旁功能选择键，如图 10-24 所示。

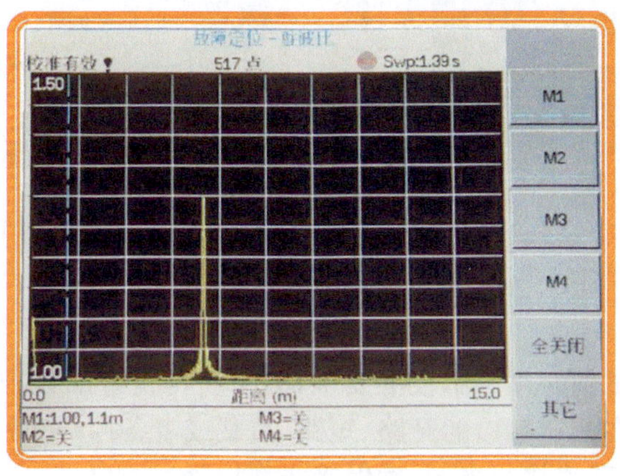

图 10-24　选择“M1”旁功能选择键

⑧选择“编辑”旁功能选择键选择“编辑”模式。之后按动“上/下”选择键，将图 10-25 中竖直的红色虚线移动到曲线的最高峰。从图 10-25 可知，在馈线长度约 5.5 m 处，接头的驻波比为 1.08，同时得知接头的驻波比参数合格。

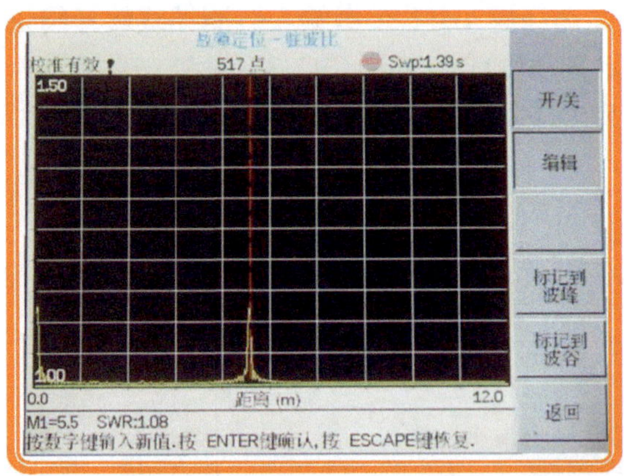

图 10-25 得出驻波比值

⑨按"SAVE DISPLAY"键进行保存驻波比曲线。

⑩输入曲线的名称,后按"ENTER"键确认,如图 10-26 所示。

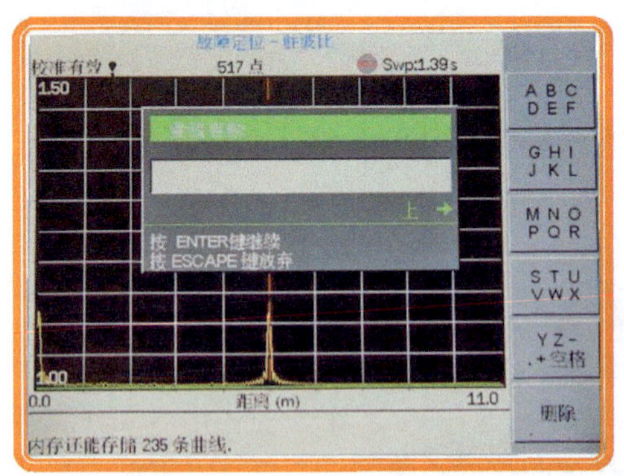

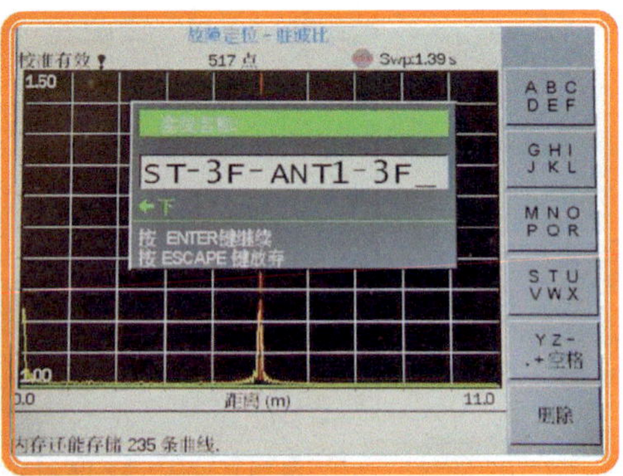

图 10-26 保存驻波比曲线

4)测试要点。

①校准:在测试前必须了解校准要求,为了获得良好的校准效果,补偿所有测量不确定性,确保在测试端口的开路、短路、负载或者备用线完好,同时必须把标准负载和被测试的线路连接起来,并确保接头都拧紧。

②根据屏幕上出现的系统指令,按部就班地做简单校准开路、短路、负载,注意在扫描信号等待下一信息出来前,不要松开连接器。在做完以后(不要松开负载)检查信号数字,RL 必须大于等于－45 dB 或者 VSWR≤1.01,否则,需询问 SITE MASTER 供应商或更换校准件。注意:请不要把校准器件在其他功率器件上使用,这样可能会导致校准器件损坏。

③在校准结束后,操作者切换到其他测试模式而不需要重新校准,无论是

SWR、RL 或 DTF(馈线插损不在其中)。但必须明确指出不要改变测试状态,不管是硬件或软件(比如频率范围更换,连接器或转换器等进行更换)。如果有任何的更换变动,则操作使用者就不得不进行重新校准。

④测试 VSWR(电压驻波比)或 RETURN LOSS (回波损耗),打开“模式”选择,用“上/下”选择键来选中一种模式,按“ENTER”键进行实施。事实上,电压驻波比和回波损耗可以通过数学公式进行互换。注意不要用 DTF 或馈线插损模式来测试电压驻波比 VSWR(RL)。

⑤测试插损,在“模式”键下选择“馈线插损”模式进行适当的校准,在设备的后面连接开路器或短路器,然后就得到该器件的插入损耗。注意在测试插损时,不要把该机器切换到其他测试模式中。

⑥复检:选择“频率-驻波比”对整条馈线(或系统)进行复检,其频率-驻波比若大于 1.5,说明系统内有部件(馈线、接头、无源器件)不符合要求,需逐一检测。

(4)接头等的包封步骤

1)水平放置接头防水胶带包封步骤(图 10-27):

①裁剪一段 50 cm 长的防水胶带。

②从跳线接头与主馈线接头连接处作为防水胶带包封的起始点。

③缠绕包封时用手轻拉防水胶带,使其均匀延长,首先往天线方向包封缠绕。

④包封到距跳线接头尾端 5 cm 处后再返回缠绕。

⑤反向缠绕超过主馈线接头后端 5 cm 后再返回包封。

⑥返回包封到防水胶带末端收尾,收尾包封时先拉紧后放松,自然粘贴。

⑦用绝缘胶带从超出馈线端方向防水胶带处 1 cm 开始向跳线端包封。

⑧包封过程同样需要适当拉紧胶带进行缠绕。

⑨包封到跳线端超出防水胶带处 1 cm 再返回包封一次。

⑩返回包封到开始位置结束。收尾时需要用工具刀切割胶带,不能用手撕。粘贴时先拉紧再放松。

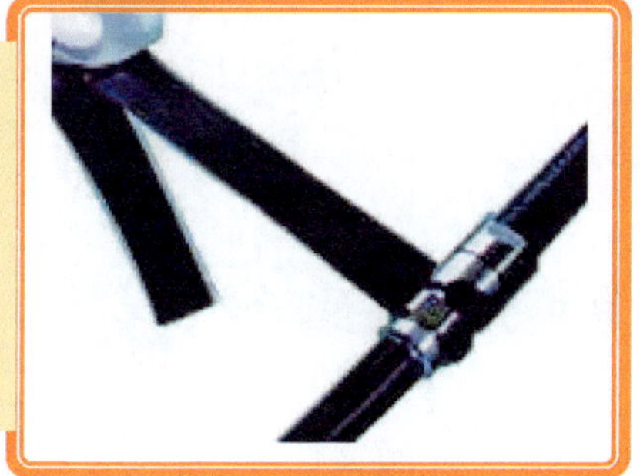

图　10-27

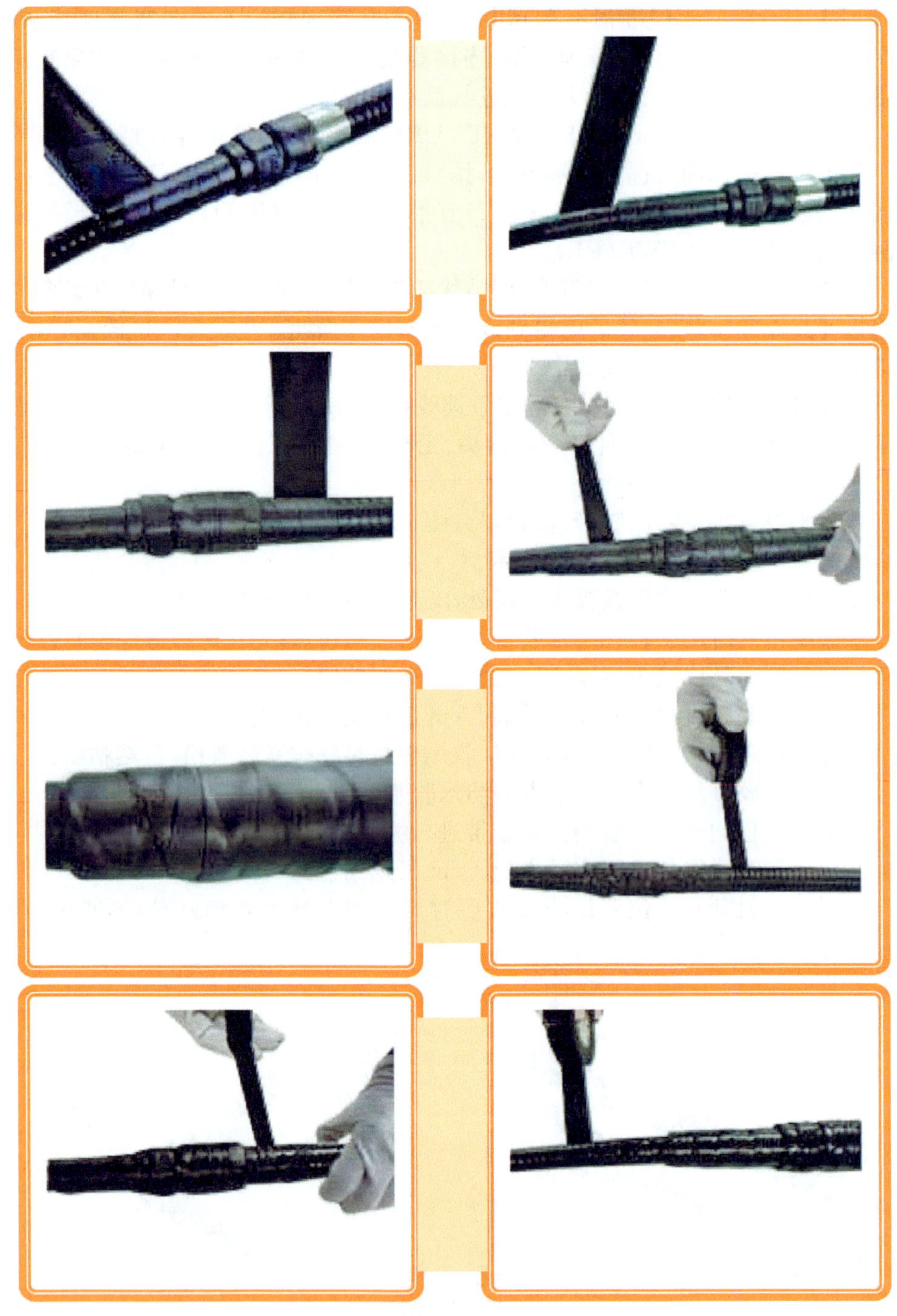

图　10-27

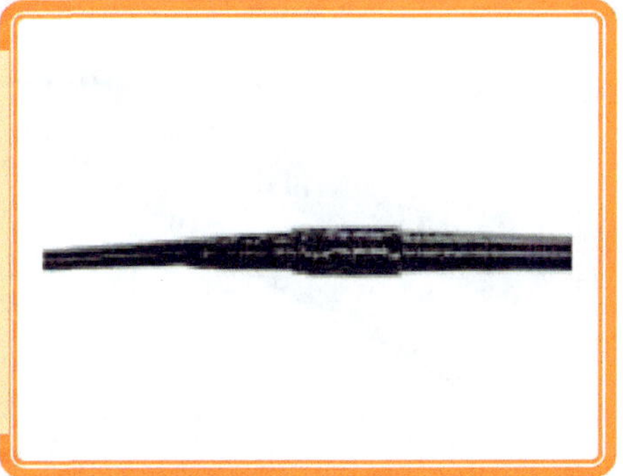

图 10-27　水平放置接头防水胶带包封步骤

2)有斜度或垂直放置接头防水胶带包封步骤(图 10-28):

①裁剪一段 50 cm 长的防水胶带。

②起始位置从接头的低端 5 cm 处,拉紧防水胶带使其均匀延长。

③缠绕包封时用手轻拉防水胶带,使其均匀延长,首先往天线方向包封缠绕。

④包封到距跳线接头尾端 5 cm 处后再返回缠绕。

⑤完成包封,收尾包封时先拉紧后放松,自然粘贴。

⑥用绝缘胶带从馈线端方向开始包封到防水胶带结束处。

⑦返回包封到开始位置结束。收尾时需要用工具刀切割胶带,不能用手撕。粘贴时先拉紧再放松。

3)防水胶泥包封步骤(图 10-29):

①用绝缘胶带从馈线的一端开始包封到接头的另一端馈线,绝缘胶带相邻两圈重叠≥0.5 cm,绝缘胶带的包封起始和终点均要在距离接头后端≥1 cm 处馈线上。

②用防水胶泥从馈线的一端开始包封到接头的另一端馈线,防水胶泥相邻两圈重叠≥1 cm。

③最后用宽绝缘胶带紧密包封在防水胶泥上,绝缘胶带相邻两圈重叠≥2 cm。本次包封要重复两次,绝缘胶带的包封起始和终点均要长于第二步中的防水胶泥 1 cm 处馈线上,使绝缘胶带直接与馈线紧密粘贴。收尾时需要用工具刀切割胶带。

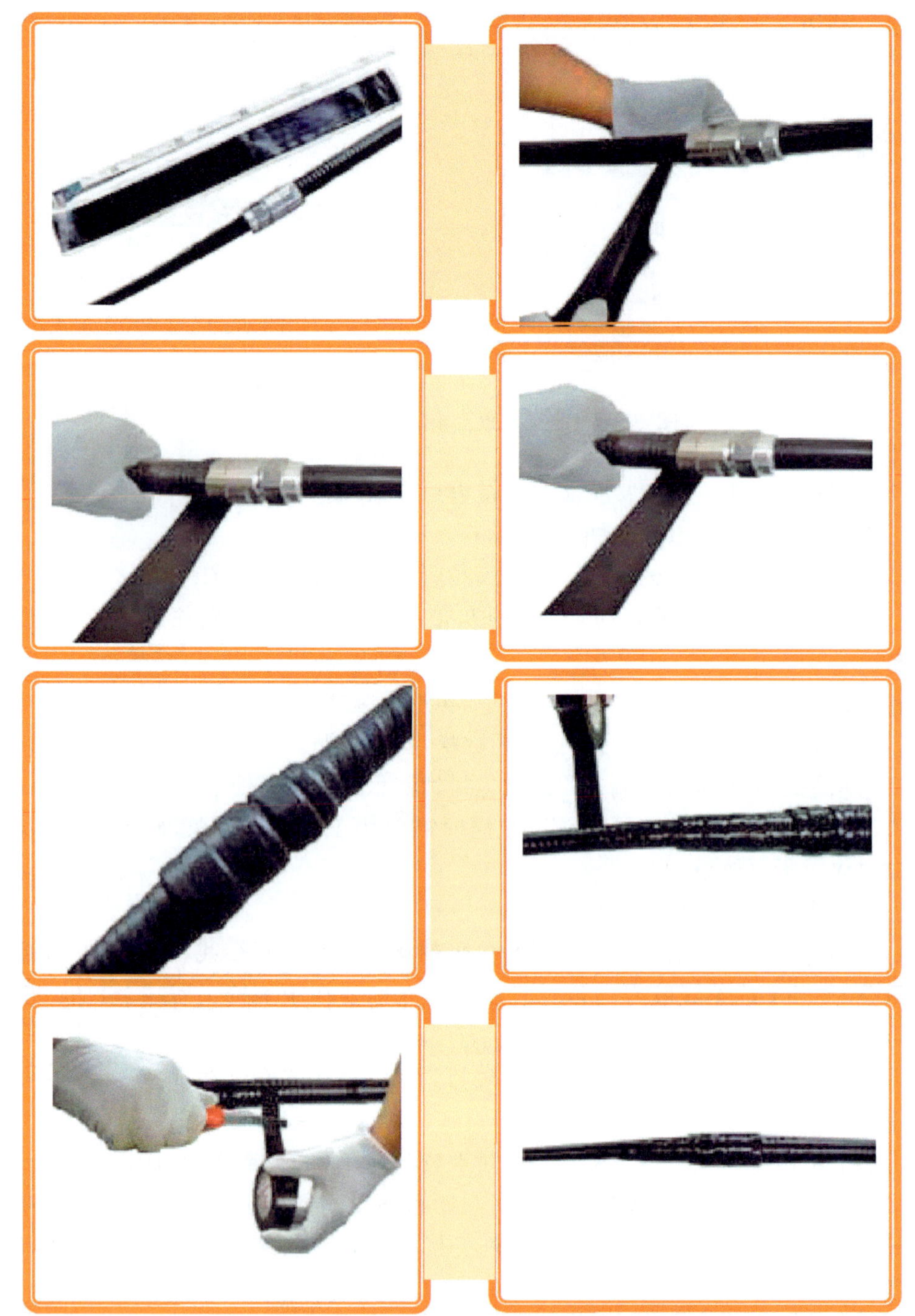

图 10-28　有斜度或垂直放置接头防水胶带包封步骤

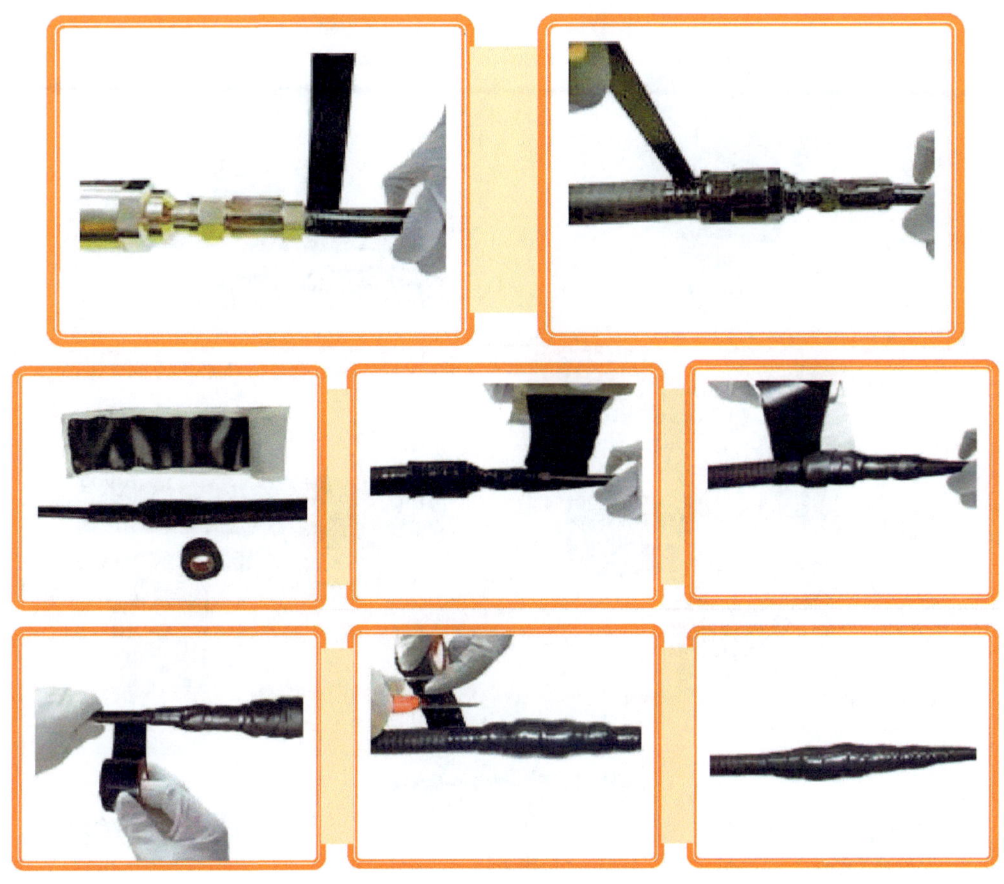

图 10-29　防水胶泥包封步骤

4)馈线接地制作包封步骤(图 10-30)：

①拆开接地件包装，检查防水密封圈是否齐全完好。

②测量接地件内接地导体宽度，根据接地件内导体宽度切馈线接地口。

③将接地件内导体与馈线外导体紧密连接。

④锁紧螺栓后从接地引下线处做二次防水包封。

⑤防水胶带包封完成后再加一道绝缘胶带包封。

10.3.2　地铁无线室分天线的安装基本步骤和方法

1. 地铁无线通信天线的布置原则

地铁中存在多个无线通信系统，根据系统制式的不同，服务的对象不同，因而产生的布置原则、方式均有所不同。

图 10-30 馈线接地制作包封步骤

(1)地铁专用、公安无线通信天线的布置原则

专用通信和公安通信在地铁内大部分区域为天线合用，天线按半径 15～25 m 估算。

1)站厅区域：专用天线按站厅长度等距布置，布置时要避开柱子的阻挡，保证覆盖空间畅通。

2)出入口区域：较短的出入口一般布置 1～2 付公安兼容天线，如果 1 付天线布置在出入口拐角处中央，做到最大兼顾；如果 2 付线布置，另一付则布置在站厅到出入口走廊的中间位置。

3)站台区域：一般不布置天线(靠漏缆覆盖)，如需要布置时，原则同站厅区域。

4)设备区走廊:原则等分,但是要注意几个关键点的布置,尽可能保证车控室走廊附近有 1 付天线;走廊丁字路口保证有 1 付天线。

5)公安系统每车站在靠近设备区的一个出入口有一副到地面上的公安链路天线。

(2)民用通信天线的布置原则

1)民用通信天线各运营商的天线是共用的,且收发天线分开布置,一般间距 1 m 左右。

2)民用通信系统每车站在靠近设备区的一个出入口有一副到地面上的 GPS 链路天线。

3)布置原则参见专用通信布置原则。

天线在铝扣板吊顶安装时,注意保持横竖一条线,不破坏装修的效果;在栅格吊顶安装时,天线末端尽可能贴近栅格,以便天线信号能辐射下来。但要注意不要超出栅格,以免破坏装修效果。

天线安装时,一定要避开结构立柱和其他大的障碍物,保证信号有辐射的空间。

2. 地铁常用的天线类型

地铁室内分布工程中常用的天线类型包括全向吸顶天线、定向吸顶天线、壁挂天线、八木天线、GPS 天线等,如图 10-31 所示。

全向吸顶天线

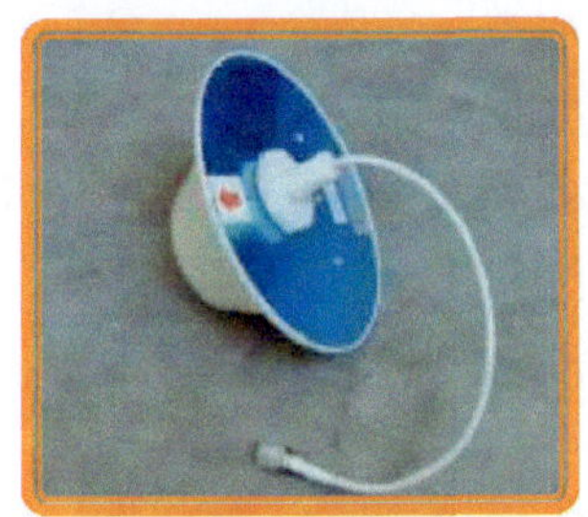

定向吸顶天线

壁挂天线

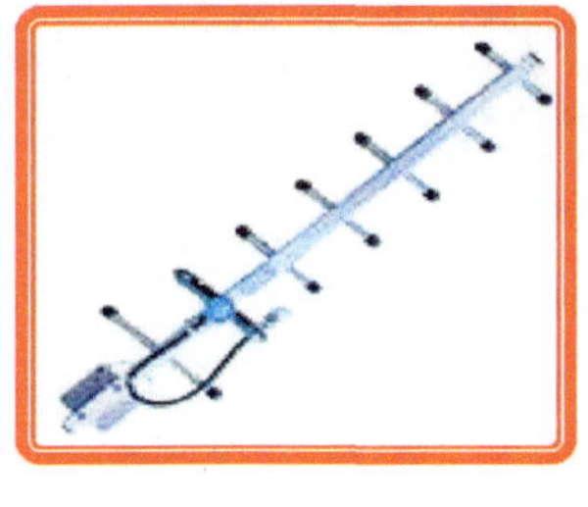

八木天线

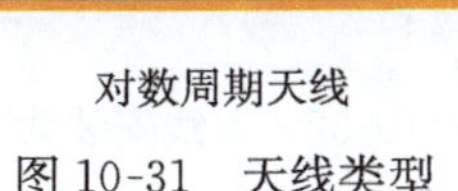

对数周期天线

GPS 天线

图 10-31　天线类型

3. 地铁天线的安装要点

(1)室外楼顶、杆上天线应在避雷针 45°角的保护区域内。

(2)天线支架与铁塔(天线杆)、天线与天线支架的连接均应可靠牢固。

(3)全向天线应保持垂直,误差应小于±1°。

(4)定向天线方位角误差不大于±5°,定向天线倾角误差应不大于±0.5°。

(5)天线支架安装稳固,天线垂直张角 90°范围没有遮挡。

(6)天线若为吸顶式固定,可以固定安装在顶棚或顶棚吊顶下,保证天线水平美观,并且不破坏室内整体环境。

(7)安装天线时应戴干净手套操作,保证天线的清洁干净。

(8)天线的安装位置符合设计文件(方案)的规定,并尽量安装在顶棚吊顶板的中央。天线必须牢固地安装在其支撑件上,其高度和位置符合设计文件的规定。

(9)天线与跳线的接头应接触良好并做防水处理。连接天线的跳线要求做滴水弯。

(10)连接天线的跳线要求有 10～15 cm 直出。

(11)天线的各类支撑件应结实牢固,铁杆要垂直,横担要水平,所有铁件材料都应做防锈处理。

4. 地铁天线的安装要求

(1)天线的安装位置、设备型号必须符合工程设计要求。如安装位置需要变更,应征得设计单位、监理单位和建设单位的同意,并具备设计变更手续。

(2)天线的整体布局应合理美观,安装过程中不得弄脏顶棚或其他设施,如图 10-32 所示。

图 10-32 天线安装效果

(3)全向吸顶天线或壁挂天线应用天线固定件牢固地安装在顶棚或墙壁上。

(4)定向天线采用壁挂安装方式或采用定向天线支架安装方式,天线主瓣方向应正对目标覆盖区,如图 10-33 所示。

(5)天线应尽量远离消防喷淋头,且不能固定在消防管道上,如图 10-34 所示。

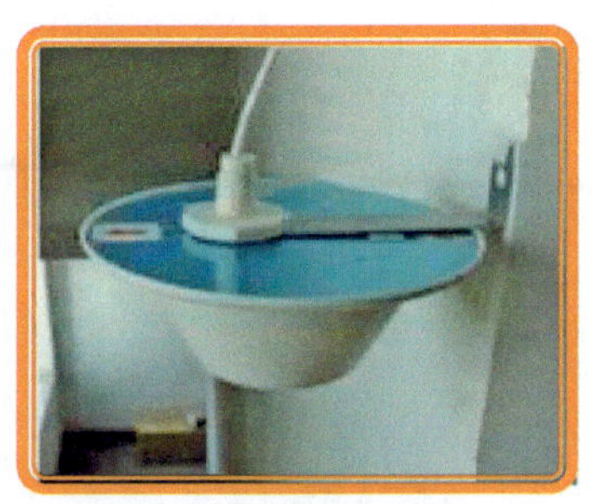

图 10-33　定向吸顶天线安装

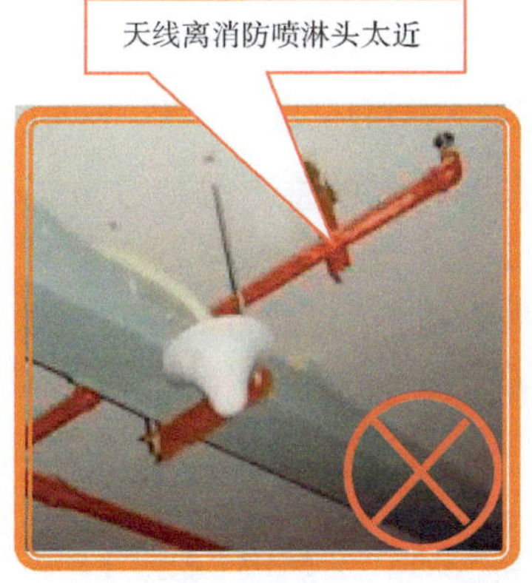

图 10-34　天线安装位置不当

(6)没有吊顶的地方,吸顶天线可以安装在墙壁、走线槽、天花板和专用吊筋上,如图 10-35 所示。安装牢固可靠,并保证天线水平。

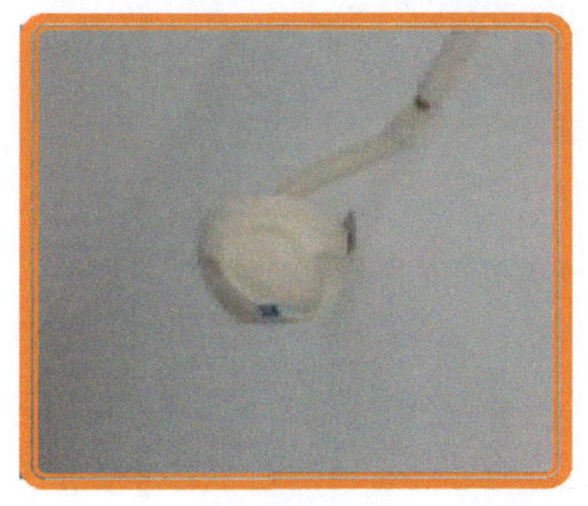

固定在墙壁

固定在线槽

图　10-35

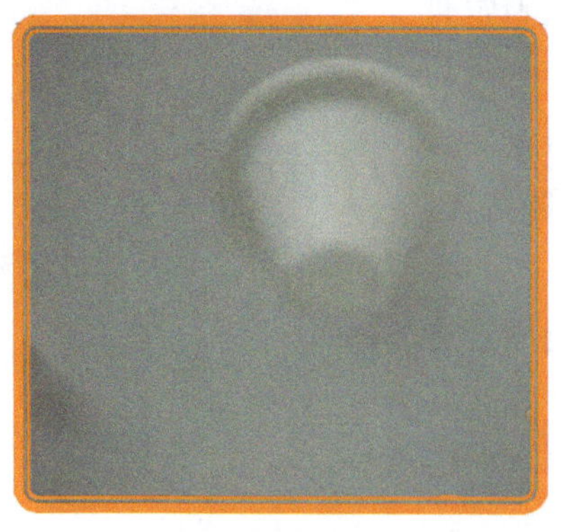
固定在顶棚

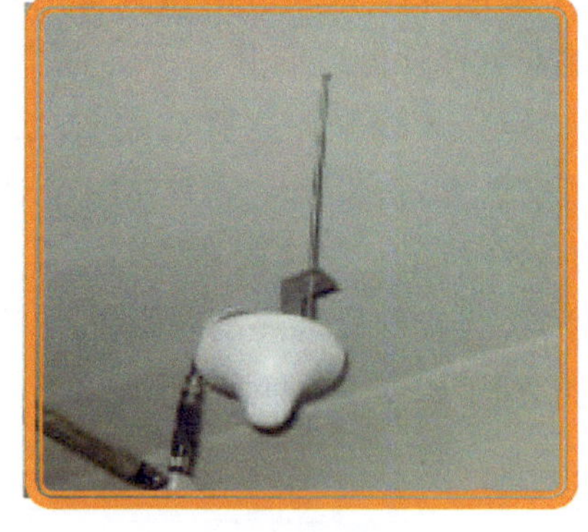
固定在吊筋上

图 10-35 吸顶天线安装(无吊顶)

(7)全向天线安装时应保证天线垂直,垂直度各向偏差不得超过±1°;定向天线的方向角应符合施工图设计要求,安装方向偏差不超过天线半功率角的 5%。

(8)不同分布系统天线间距要求:为避免两个系统间的干扰,建议天线间距大于 1.5 m,在部分施工条件限制的环境中,也应要求两个系统的天线间距大于1 m。如图 10-36 所示。

符合规范要求

距离太近

图 10-36 不同分布系统天线间的距离

5. 地铁室分无源器件安装

(1)无源器件(主要指合路器、功分器、耦合器等器件)的安装位置、设备型号必须符合工程设计要求。如安装位置需要变更,应征得设计单位、监理单位和建设单位的同意,并具备设计变更手续。器件安装前必须熟读图纸,不得装反、装错,器件外观无损坏。

(2)无源器件尽量妥善安置在线槽或弱电井中,固定位置要便于安装、检查、维护和散热,避免强电、强磁或强腐蚀的干扰。在线槽布放的无源器件应绑扎固定牢固。

(3)无源器件安装时应用相应的安装件进行固定,并且垂直或水平牢固,不允许悬空放置,放置室外的器件应该做好防水处理。

(4)器件与电缆接头连接时,接头螺栓不宜旋得太紧,以防接头撞针接触到屏蔽层及撞针损坏,也不宜旋得太松,以防脱落。

(5)吊顶内的器件在安装完毕后必须用扎带或电线与支架或吊钩牢固连接,器件严禁绑扎在管道上,线槽内固定器件方式可与电缆相同,钻孔后采用扎带或电线绑扎,器件不允许外露,能见部位的器件必须安装过路盒加以保护。

(6)器件安装尽量正面朝外,标签粘贴要美观,字迹要清晰。无源器件安装如图 10-37 所示。

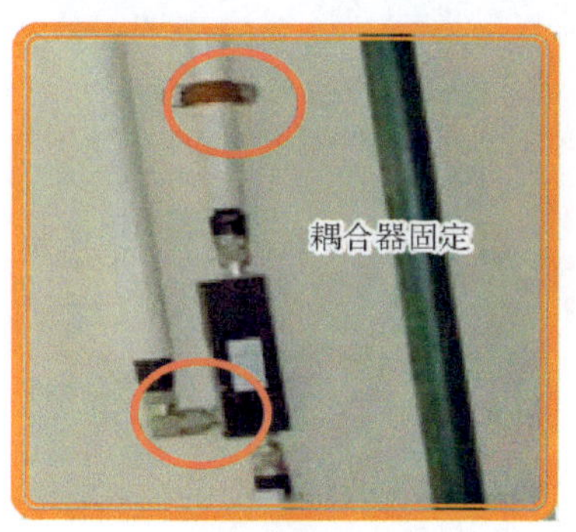

耦合器安装

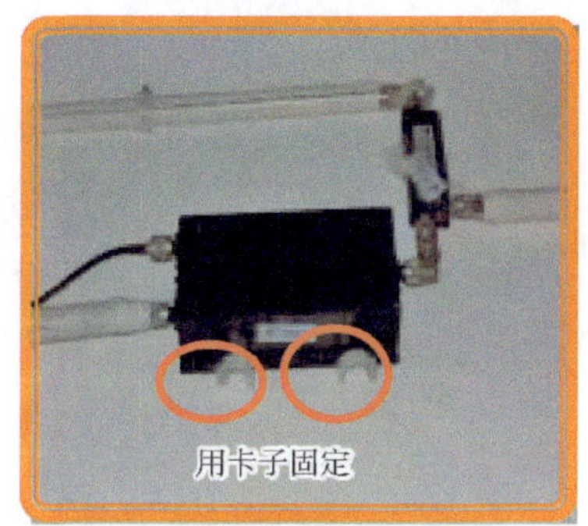

合路器安装

电桥安装

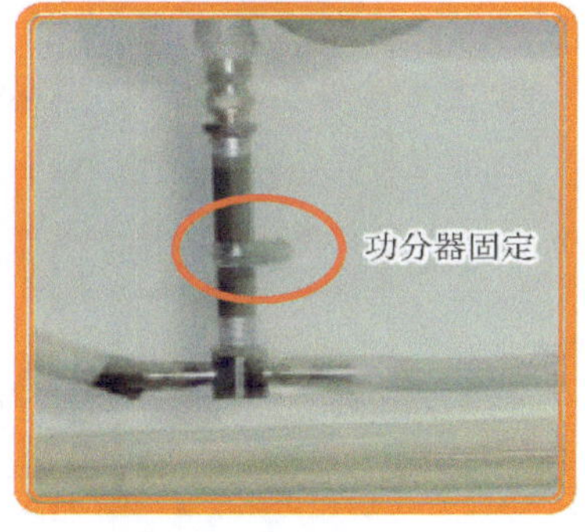

功分器安装

图　10-37

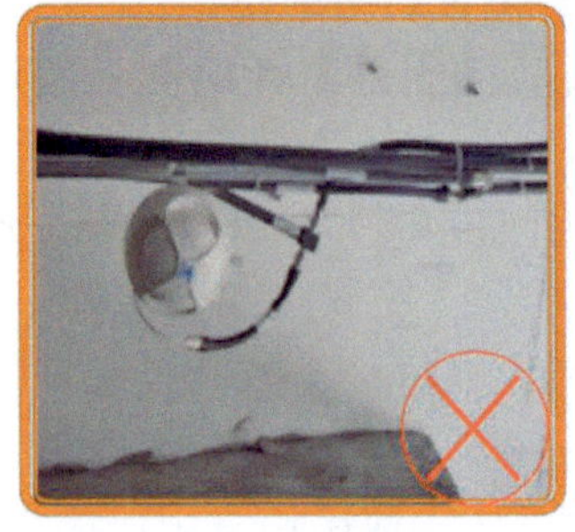

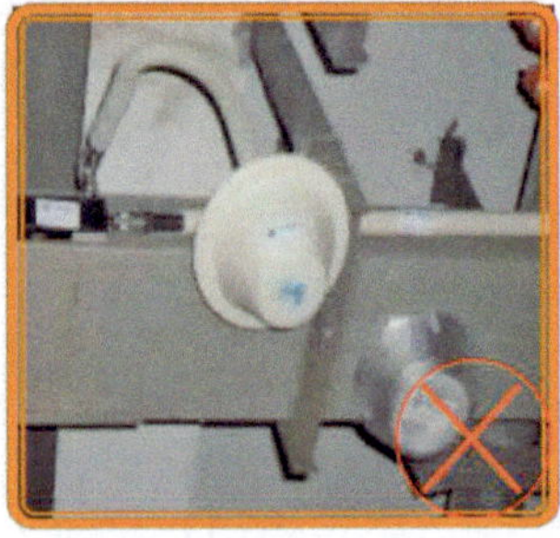

无源器件不允许悬空放置

器件室外安装应做好防水处理

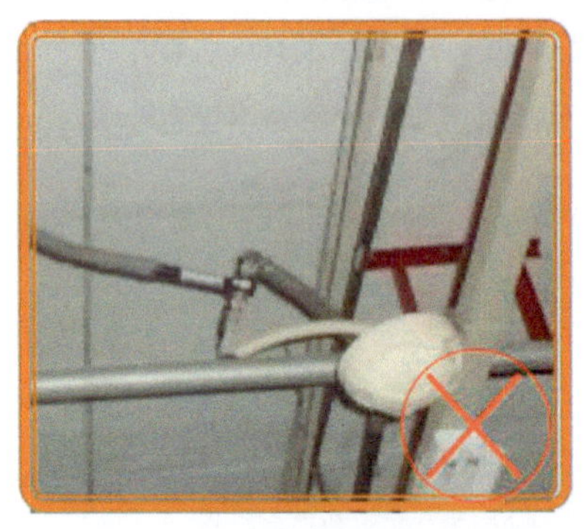

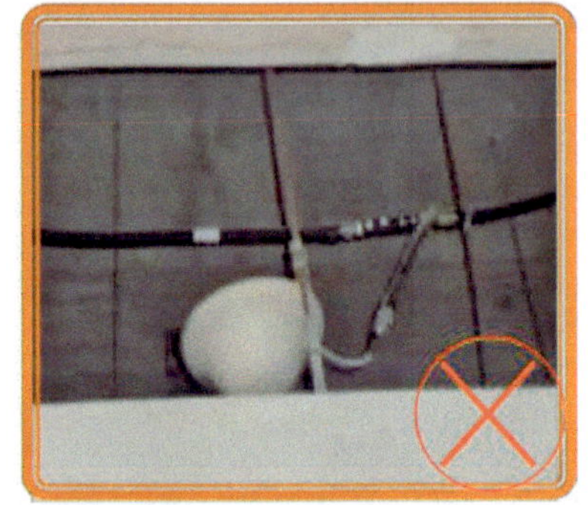

器件安装应水平、垂直，不得歪斜

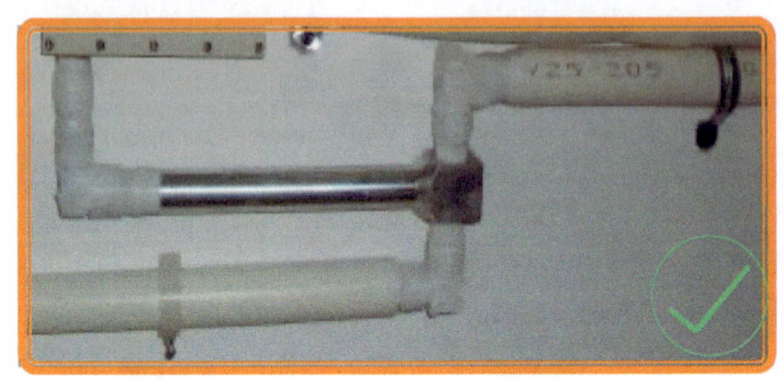

器件接头固定

图 10-37 无源器件安装

(7)无源器件接头处应用防水胶带包裹好。在距离接头 10 cm 内进行固定，保证无源器件接头牢固可靠，电气性能良好。

(8)无源器件严禁接触液体，并防止端口落入灰尘，如图 10-38 所示。

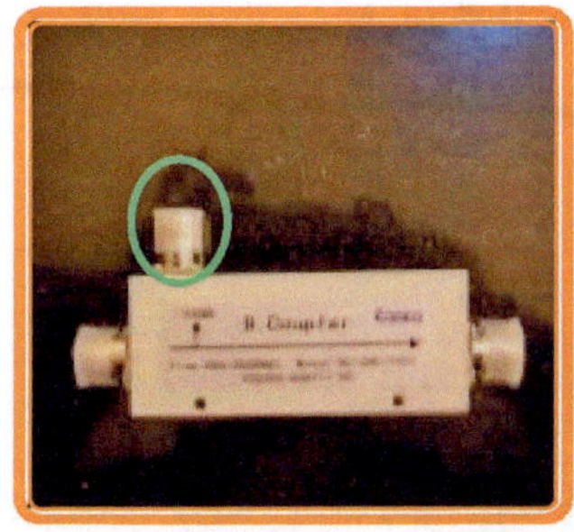
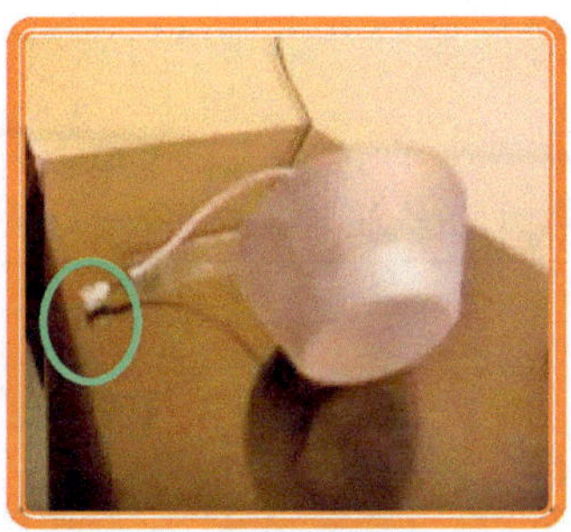
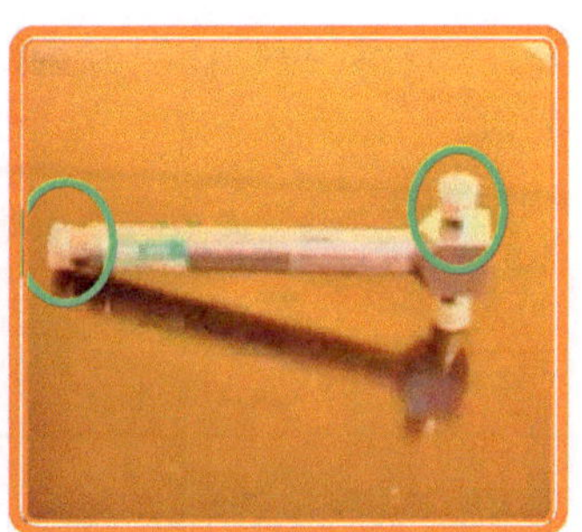

图 10-38　无源器件接头应盖防尘冒

10.3.3　地铁无线室分天馈线布放步骤和方法要求

1. 天馈线布放过程要点

(1)接天馈线的跳线应沿支架横杆绑至铁塔钢架上。

(2)机柜外所有绑扎后的扎带剪断时应留有一定的余量。

(3)安装后的馈线固定夹间距应均匀,方向应一致,固定夹应牢固安装、不松动。

(4)馈线布放不得交叉,要求整齐、平直,弯曲度一致。

(5)馈线由楼顶翻越外墙向下弯曲时,与墙角接触部分应有保护套管。

(6)馈线最小弯曲半径应不小于馈线直径的 20 倍。

(7)馈线无明显折、拧现象,无裸露导体。

(8)天馈线若为挂墙式固定,则必须牢固地安装在墙上,保证天馈线垂直美观,并且不破坏室内整体环境。

2. 天馈线布放过程要求

(1)天馈线线缆的型号、线径、数量、走线路由、接地方式应符合工程设计要求。如安装位置需要变更,应征得设计单位、监理单位和建设单位的同意,并具备设计变更手续。

(2)信号线、控制线应尽量避免与强电高压管道和消防管道一起布放走线,确保无强电、强磁的干扰。如图 10-39 所示。

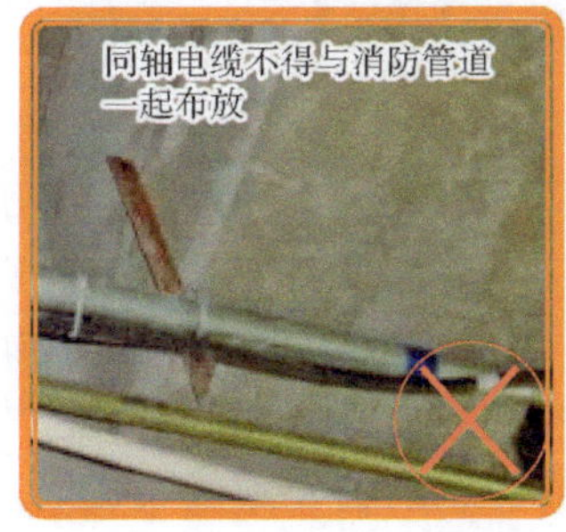

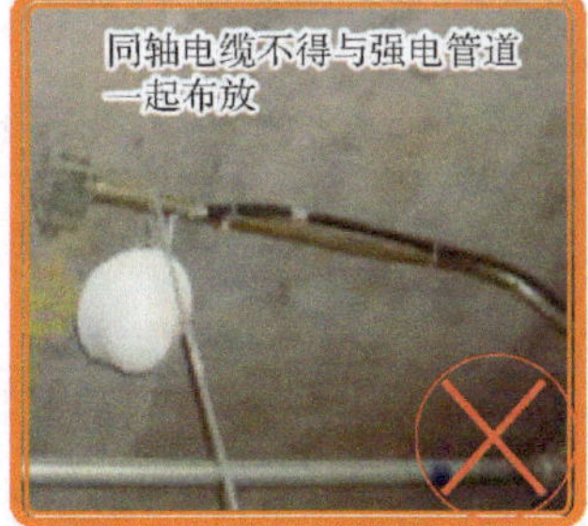

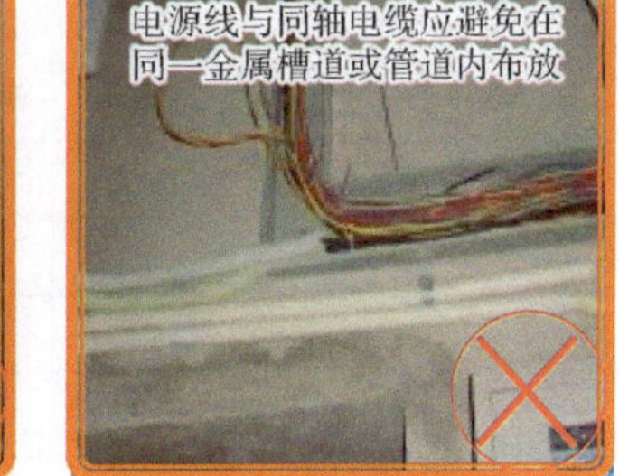

图 10-39　同轴电缆布放

(3)当同轴电缆、五类线等线缆与电源线平行敷设时,应满足表 10-2 中的隔离要求。

表 10-2　同轴电缆、五类线与电源线平行敷设时的隔离要求

条　件	最小净距(mm)
电源线与同轴电缆平行敷设	130
有一方在接地的金属槽道或钢管中	70
双方均在接地的金属槽道或钢管中	平行长度小于 10 m 时,最小间距可为 10 mm。如同轴电缆采用屏蔽电缆时,最小净距离可以适当减小,并应符合设计要求

(4)线缆应沿走线架或线槽进行布放,走向清晰、平直,不得交叉和空中飞线,如图 10-40 所示。

线缆穿墙布放时,必须穿线管,孔洞应封堵,如图 10-41 所示。

(5)线缆需进行绑扎或采用专用的线缆卡具固定,绑扎固定间隔保持一致,且符合要求。多余线扣应剪除,所有线扣应齐根剪平不拉尖。预留的缆线应整齐盘放并固定好,不影响其他设备和器件的正常操作。

(6)需要绑扎的线缆和穿线管的绑扎间距应满足表 10-3 的要求。

图 10-40　不得空中飞线和交叉

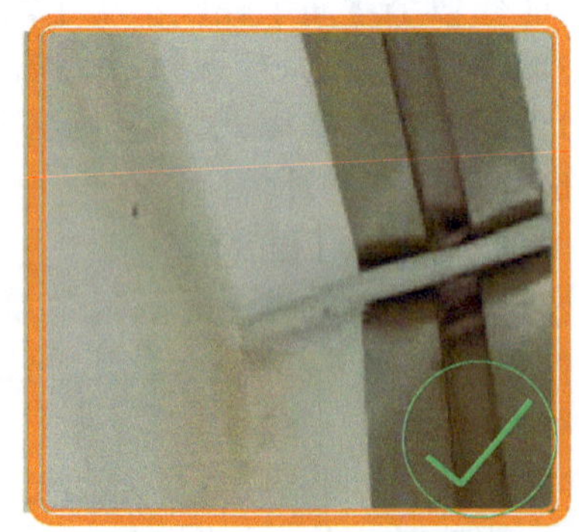

图 10-41　线缆穿墙布放

表 10-3　线缆的绑扎间距要求

条　件	≤1/2″线径	>1/2″线径
水平布放时	≤1.0 m	≤1.5 m
垂直布放时	≤0.8 m	≤1.0 m

(7)线缆应平直、整齐,并避免出现凹凸不平和急剧弯曲现象;需要弯曲布放时,弯曲角应保持圆滑均匀,其弯曲半径应满足相应线缆的指标要求,见表 10-4。

表 10-4　同轴电缆的弯曲半径要求

电缆俗称	7/8"(普通)	7/8"(超柔)	1/2"(普通)	1/2"(超柔)
馈线型号	22	21	12	9
一次最小弯曲半径(mm)	240	170	140	60
二次最小弯曲半径(mm)	500	260	250	110

(8)线缆外表面应干净、清洁,无施工记号,无明显的折、拧现象,并避免强行拉伸。线缆的护套绝缘层无破损及划伤,无裸露导体。

(9)室外线缆进入室内前必须做滴水弯。波纹管滴水弯底部必须剪切一个滴水口,以防止雨水沿馈线进入室内,入线口、孔必须用防水材料密封。

第 11 章 传输系统设备及公专交换机安装工艺

11.1 传输设备安装

在目前的网络中常用的光传输设备有光端机、光 MODEM、光纤收发器、光交换机、PDH、SDH、MSTP、PTN 等类型。西安地铁传输网络采用 MSTP 平台，以下主要讨论 MSTP 设备的相关安装内容。

11.1.1 传输设备安装流程

传输系统设备安装流程如图 11-1 所示。

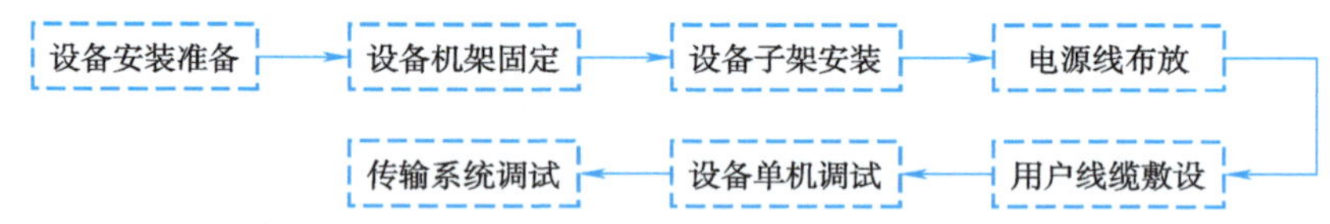

图 11-1 传输系统设备安装流程

11.1.2 传输设备安装

1. 设备安装准备

(1)熟悉图纸。开工前，核对施工设计图纸和相关文件，明确施工内容、工期要求、质量要求等，对作业人员进行技术交底、安全交底。

(2)现场勘察。工程施工前，由项目部组织主要工程施工技术人员对设备机房进行现场勘察，了解机房现有设备布置、机房改造扩容情况，对照设计图纸核对机房现有空间是否满足设备安装要求。

(3)机具、材料准备。做好机具和材料的选购工作，确保设备安装时机具、材料到位。

2. 设备机架安装

(1)设备检验。设备到货后，会同有关单位进行开箱检查，并签署相应的设备进场报验资料。

(2)设备底座安装。根据设计图纸及现场调查情况对各通信设备机房、电源室等房间的通信设备底座进行规划和设计,并实施设备底座加工、安装作业。

(3)线槽安装。根据设计图纸及现场调查情况对各通信设备机房、电源室等房间的爬梯、走线架、防静电地板下的线槽等走线设施进行规划和设计,并实施爬架、线槽等设施安装作业。

(4)设备机架安装。机架必须安装牢固、美观,做到横平竖直,与地面垂直、平稳,吊装后前后左右的倾斜偏差小于机架身高的 1‰。

3. 设备子架安装

(1)子架安装流程

此处以华为OSN580 为例,对传输子架进行简单介绍,子架安装流程如图 11-2 所示。

图 11-2　子架安装流程

在设备机架安装完毕后,按照设备机柜的功能划分,在相应的位置(自上而下)安装设备电源模块、分线板、传输子架、理线架、盘纤盒等子架设施。部分设备在子架安装时需要在相应的位置安装托架滑道用以承重子架重量。各子架安装完毕后,按照机柜子架的接地标识将子架的 PE(保护地)接到设备机柜的地线汇接排上。

(2)设备子架介绍

1)传输子架:以华为 OSN580 为例,对传输子架进行简单介绍。

图 11-3 为 OSN580 的子框基本配置情况,业务板位于槽位 3-14,主控板 UCXE 在槽位(15/16),电源板 PIU slots 在槽位(17/18),接口板在 Interface slots area 槽位(3-1～3-20,14-1～14-20);时钟接口在子框右上角。

槽位 1 为 2 M 业务支路板与其他槽位的业务处理板做 $N+1$ 保护;2 M 中继电缆在接口板槽位 5-(1-2)、5-(3-32)安装布放。

OSN580 以 STM-16 ADM 配置为例,光接口板位于 7、14 槽位,可满足 2 个 40 G 混合业务组环。

理线架线板:一个子架需要安装一个理线架,理线架安装在设备的上方。理线架的作用是固定设备线缆,以免线缆布放后导致单板插拔困难或者阻挡设备通风孔导致设备散热不良

电源模块:参见后面传输电源布线。

公务电话:将设备自带的公务电话机底座用双面胶粘贴在设备机柜侧门,并将

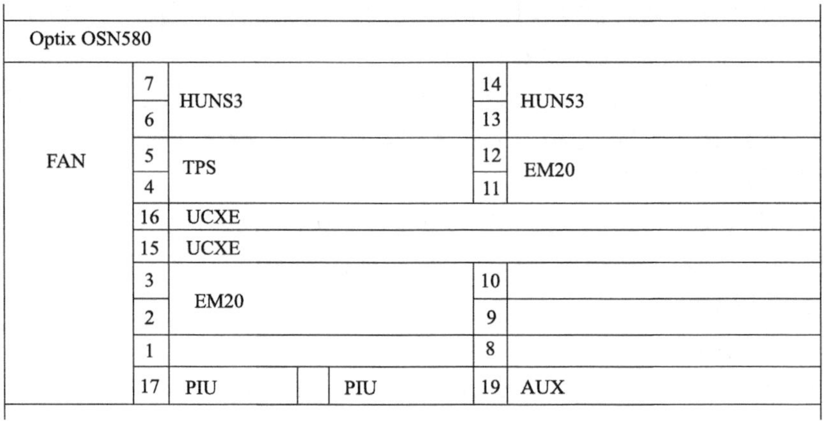

<table>
<tr><td colspan="7">Optix OSN580</td></tr>
<tr><td rowspan="11">FAN</td><td>7</td><td colspan="3" rowspan="2">HUNS3</td><td>14</td><td rowspan="2">HUN53</td></tr>
<tr><td>6</td><td>13</td></tr>
<tr><td>5</td><td colspan="3" rowspan="2">TPS</td><td>12</td><td rowspan="2">EM20</td></tr>
<tr><td>4</td><td>11</td></tr>
<tr><td>16</td><td colspan="5">UCXE</td></tr>
<tr><td>15</td><td colspan="5">UCXE</td></tr>
<tr><td>3</td><td colspan="3" rowspan="2">EM20</td><td>10</td><td></td></tr>
<tr><td>2</td><td>9</td><td></td></tr>
<tr><td>1</td><td colspan="3"></td><td>8</td><td></td></tr>
<tr><td>17</td><td>PIU</td><td></td><td>PIU</td><td>19</td><td>AUX</td></tr>
</table>

图 11-3　传输子架

电话线连接至公务电话接口处。

2)子架安装注意事项：

①严格按照厂家规定(设计图)的顺序安装。

②在安装过程中，对需要安装的部件要轻拿轻放，防止损坏漆皮；各电路板接插件安装，安装时用力适度，接插件与插座接触良好。

③机门应和机框在一个平面上，开关应灵活。

④螺栓紧固应松紧适度，防止将螺栓拧滑扣和拧断。

⑤安装机盘时，安装人员一定要戴防静电手环，以防人体静电对设备产生影响。

⑥安装完成后，应检查设备表面，如有污物应用抹布擦拭干净。做好安装标志。

⑦在整个安装完成后，要打扫机房的卫生，及时处理剩余材料。

4. 传输电源布线

西安地铁传输系统设备供电目前有两种模式：直流供电、交流供电。

(1)直流供电模式

直流供电模式的传输电源敷设分两个部分：传输设备电源模块至直流电源柜，传输电源模块至传输子架电源板。

传输设备电源模块至直流电源柜：西安地铁 4 号线采用直流供电，双路电源输入。直流电源模块所使用电源电压为－48 V，电源模块接线桩一般有：－48 V，GND(工作地)，PGND(保护地)三类接线端口。传输电源模块面板如图 11-4 所示(该电源模块为 8 路输入 8 路输出)。传输设备一般采用两路供电。传输设备电源模块输入区－48 V 端口与直流电源柜(配电屏)内的 32 A 熔断丝端子对接，GND

端子与电源设备的工作地对接;PGND 接至室内综合接地排。

图 11-4　传输电源模块面板

设备线缆颜色:蓝色(−48 V)、黑色(GND)、黄绿相间色(PGND)。电源线采用厂家提供的电源线缆,线缆截面积一般为 16 mm^2。

传输电源模块至传输子架电源板:该段线缆为传输设备厂家自带电源线,一端为成品插头,可插入传输电源板(PIU)的电源插槽;另一端用冷压端子压接后接至传输机架直流电源模块输出区。

(2)交流供电模式

交流供电模式的传输电源敷设分三个部分:传输设备交流整流器输入端至交流配电屏采用 3×10 mm^2 电力电缆敷设;传输设备交流整流器至传输设备电源模块(直流)用 6 mm^2 电源线缆敷设;传输设备直流电源模块输出端至传输子架电源板使用子架自带的专用线缆敷设。

两段电源线缆接线方式与直流供电接线方法一致。西安地铁 4 号线传输设备采用双路交流供电;整流器至电源板(PIU)两路输入。

传输设备交流电源模块(整流器)面板如图 11-5 所示。

(3)设备接地(保护地)

在传输设备机柜的柜门、侧门、设备子架等部位设置接地标志。在设备机柜安装结束后,必须将设备柜门、侧门、设备子架相互连通并接到设备机柜的保护地端子。不论何种供电模式,在敷设电源线时务必敷设一条保护地线(黄绿色)至室内接地端子排并成端。

在设备加电前必须将防静电手环安装在设备子架上,防静电手环安装位置需与保护地电气连通;插入设备板件时必须戴防静电手环操作。

5. 传输设备用户线缆敷设

传输设备用户线缆主要包括 2 M 中继电缆、尾纤、网线等。

图 11-5 传输设备交流电源模块
（上为整流器、下为传输设备）

(1)传输设备常用线缆成端

1)2 M 线成端。以下为最常用的 SMB 连接器的制作方法：

① 套装热缩套管及压接套筒。热缩套管及压接套筒外形如图 11-6 所示。

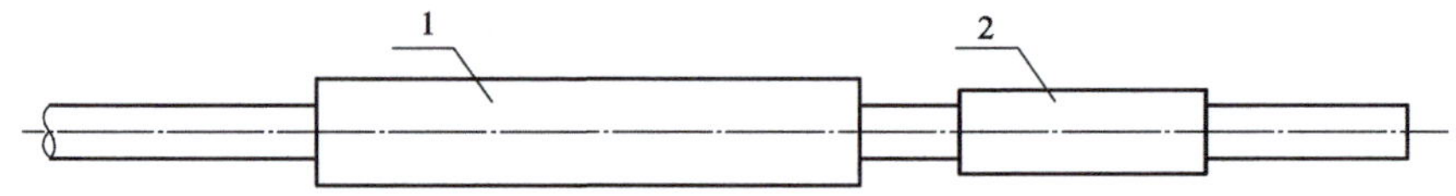

图 11-6 热缩套管及压接套筒
1—热缩套管；2—压缩套筒

② 剥线。用剥线钳剥离电缆护层及内绝缘层，不得损伤屏蔽层及内导体。电缆护层及内绝缘的端面截取应平齐光滑，具体剥线尺寸如图 11-7 所示。

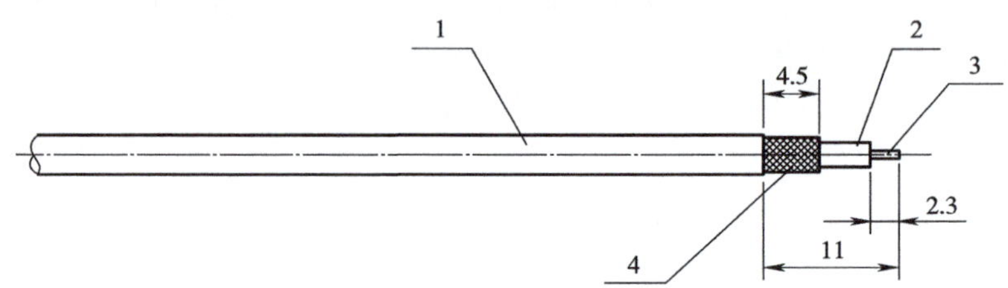

图 11-7 剥线示意图(单位：mm)
1—外护层；2—内绝缘层；3—内导体；4—屏蔽层

③焊接插针。用熔点为＋125℃以上的焊锡将插针与电缆内导体进行焊接。焊接时，将电缆内导体插入插针尾部中心小孔，直至插针尾部的凸台与电缆内绝缘层接触上为止，如图 11-8 所示。

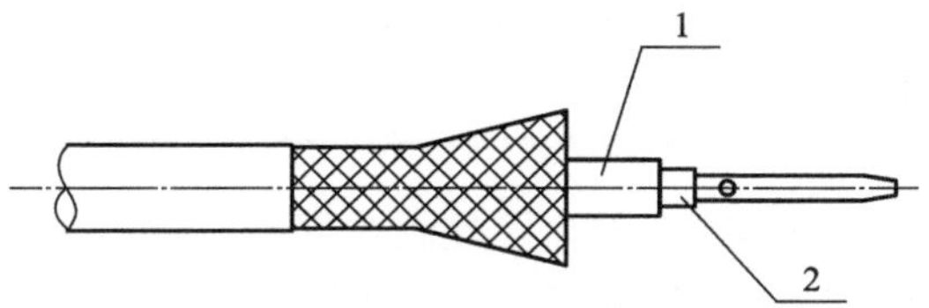

图 11-8　焊接插针示意图

1—内绝缘层；2—凸台

焊接时，不得将电缆内绝缘层烫伤；尽量不要使焊锡流到插针外表面，流到插针外表面的，必须将焊锡清除干净，否则将影响下道工序的装接。

④ 压接外导体。将 SMB 连接器的辊花圆柱插在电缆的内绝缘层与屏蔽层之间，使屏蔽层均匀附在连接器的辊花圆柱上，同时使插针的凸台顶住连接器的内绝缘芯，如图 11-9 所示。

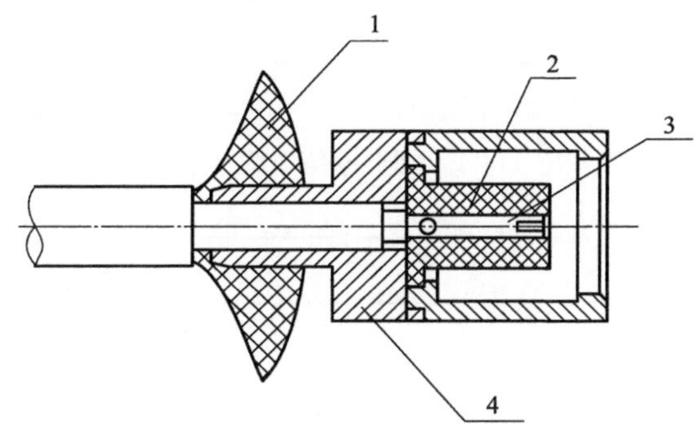

图 11-9　SMB 连接器与电缆的压接位置示意图

1—屏蔽线均匀包覆辊花圆柱；2—连接器内绝缘芯；3—插针；4—同轴连接器

将压接套筒推至完全盖住屏蔽线，然后用 SMB 压线钳进行压接。

压接前，应检查预压接前的 SMB 连接器，屏蔽线裸露在压接套筒外面的，应用剪刀及时修整，方可压接。压接时，SMB 连接器应放置准确，与压线钳中压模相吻合。

⑤ 吹缩热缩套管：将热缩套管套在压接套筒与电缆的结合处，用热风枪均匀吹热风，视热缩套管均匀收紧即可。如图 11-10 所示。

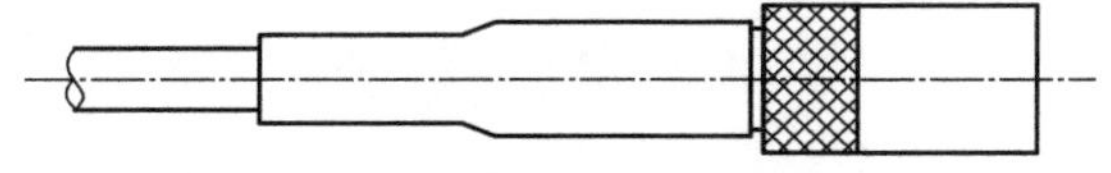

图 11-10　吹缩热缩套管示意图

⑥ 检验。对制作好的中继电缆需检验以下几个方面：

导通测试：用万用表测量连接器插针与同轴电缆内导体、连接器外壳与同轴电缆屏蔽层是否导通。

绝缘测试：用万用表测量内、外导体是否短路。

插拔力测试：以适当的力（约 60 N）向外拔内插针，内插针应无明显移动。

外观检验：检查是否有屏蔽线裸露在外，插针未插装到位等。

2）网线成端。

①装接用元器件：RJ45 水晶头、网线。

②剥线、剪线。与电话连接器装配的电缆可分为圆形通信电缆和扁平电话线两种，如图 11-11、图 11-12 所示，依照图中所示的电缆结构尺寸对电缆进行剥线。二者的剥线长度均定义为 L＋(2～3 mm)，L 的具体含义请参见图 11-11、图 11-12，2～3 mm 为剪线、理线之用。

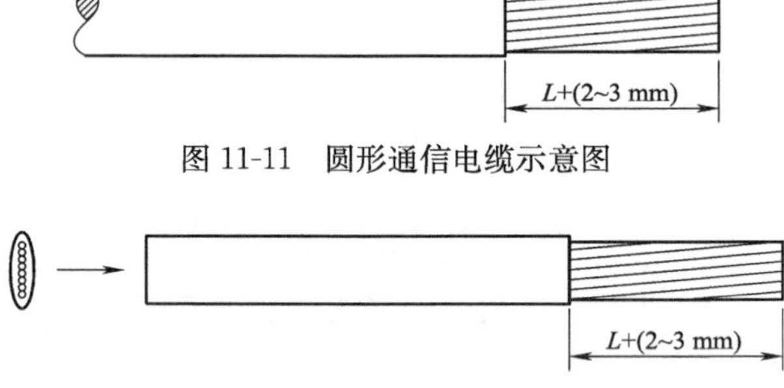

图 11-11　圆形通信电缆示意图

图 11-12　扁平电话线示意图

注意圆形通信电缆及扁平电话线剥线时，应保证护套根部剥离整齐，护套剥离线应与电缆垂直。

对于屏蔽电缆，剥离护层时不得损伤屏蔽层。护层剥离完后，将屏蔽层折双层并向后折起至电缆护层根部，如图 11-13 所示。

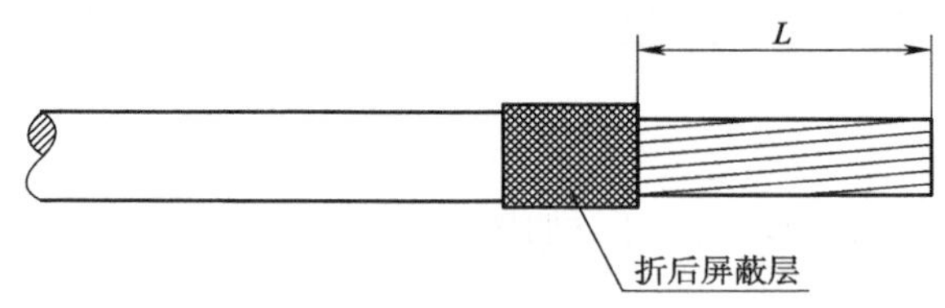

图 11-13　屏蔽电缆示意图

芯线应切割整齐，尤其对于圆形通信电缆，切割时应先将芯线均匀摊开，然后用剪线工具将芯线剪齐，如图 11-14 所示。

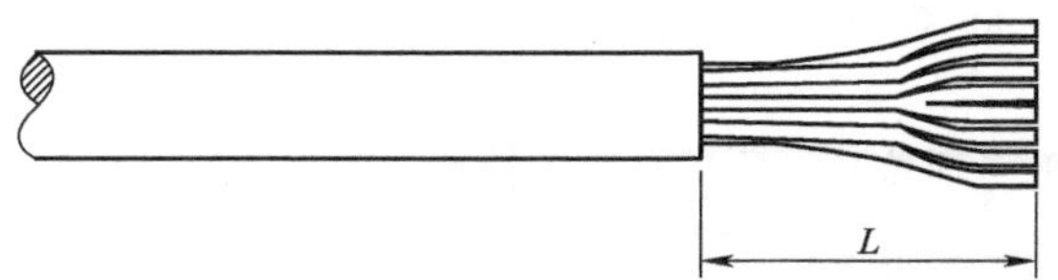

图 11-14　芯线剪齐后示意图

③插装导线。插装各种不同导线的具体情况如下：

插装 8 芯扁平电话线：应从水晶头尾部插入，以水晶头 A 点顶住电缆外护层为插装到位，每根芯线沿水晶头线槽插装至水晶头头部，以与水晶头头部平齐为插装到位。

插装圆形通信电缆：与 8 芯扁平电话线插装方法一致，应保证电缆头部芯线的平齐插装，这样电缆芯线容易插装到位。

插装屏蔽电缆与屏蔽水晶头：芯线与水晶头的插装与扁平电话及圆形通信电缆的插装方法一致，折起的屏蔽层与水晶头的尾部的内置屏蔽片相接，且电缆屏蔽层以顶住水晶头的 A 点为准。RJ45 水晶头示意如图 11-15 所示。

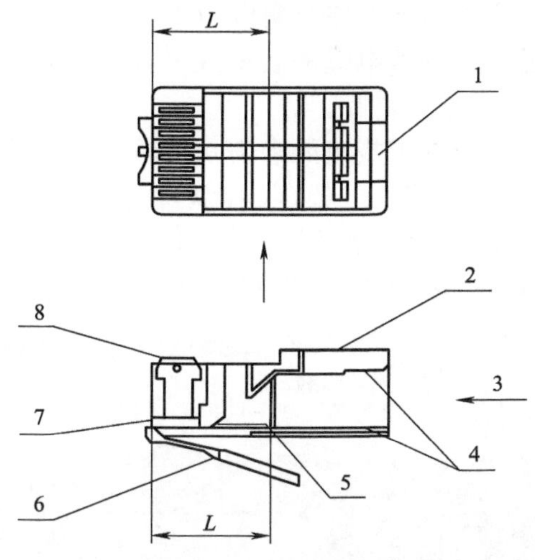

图 11-15　RJ45 水晶头示意图

1—屏蔽片；2—外置屏蔽片；3—电缆插装方向；4—内置屏蔽片；
5—A 点；6—锁片；7—芯线与头部平齐；8—金属切刀

注意电缆进行插装时应依照电缆设计图纸所要求的线序进行。

直通网线：1-1 白（橙），2-2 橙，3-3 白（绿），4-4 蓝，5-5 白（蓝），6-6 绿，7-7 白（棕），8-8 棕。

交叉网线:1-3 白(橙),2-6 橙,3-1 白(绿),4-4 蓝,5-5 白(蓝),6-2 绿,7-7 白(棕),8-8 棕。

④压接:电缆插装到位后,用水晶头压接钳进行压接,装配成品如图 11-16 所示。

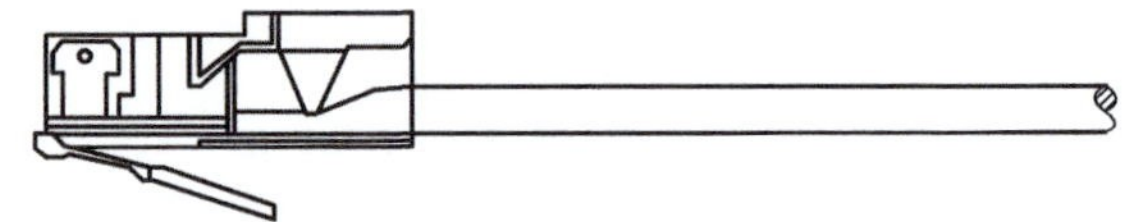

图 11-16 RJ45 水晶头装配成品

注意压接时应将水晶头放置在压接钳相应的槽位中,放置到位后,进行压接。

压接时,应确保压接钳压接到位,压接完后,金属切刀应低于水晶头头部平面。

对于屏蔽电缆与屏蔽水晶头的压接,除保证水晶头金属切刀的压接到位外,还应保证水晶头内置屏蔽片与折起的电缆屏蔽层的可靠连接。

⑤检验:对制作好的使用 RJ45 水晶头插头的电缆需检验以下几个方面。

外观检验:需 100%进行检验,对外观有明显缺陷者。例如:水晶头外壳破裂或有明显裂痕、锁片断裂或有明显裂痕、电缆未插到位等均为不合格品。

线序检验:需 100%进行检验,压接线序不符合设计要求的为不合格品。

导通测试:需 100%进行测试,导通率应为 100%,且线线间无短路,否则为不合格品。对于屏蔽水晶头与屏蔽电缆的装配成品,应检验水晶头的屏蔽壳与电缆屏蔽层导通情况,导通者为不合格品。

3)传输尾纤布设。按照施工规范要求需从传输设备的光传输板至 ODF 机架敷设尾纤,并安装在单独的 ODF 子架(收容盘)内。根据系统组网需求,在线路 ODF 子架成端收容盘与传输设备尾纤收容盘之间布放跳纤,如图 11-17 所示。

图 11-17 光缆配线架安装配线效果

4)线缆敷设施工要点:

①配线电缆的型号、规格长度必须满足施工图要求。布放前后进行测试和外

观检查，检查有无断线、混线和外皮破损现象。

②配线电缆排列整齐，绑扎匀称，直线部分横平竖直，转弯处电缆弯曲均匀、圆滑，弯曲半径要满足施工规范要求。跳线松紧适度，层次分明，并按规定作适当余留。

③机房内所有光纤走纤路径其任何位置弯曲半径不小于 40 mm。

④地线和机架连接良好；各种配线电缆均做好标记，标明型号、长度及起止设备名称。

(2)传输常用板件介绍

1)单板条形码说明。

单板面板上的条形码包含了单板版本、单板名称以及对应单板特性的单板特性码。OptiX OSN 580 有两种类型的条形码：16 位制造码＋单板版本＋单板名称＋单板特性码；20 位制造码＋单板版本＋单板名称＋单板特性码。条形码在面板的前面，以 16 位制造码的条形码为例，如图 11-18 所示。

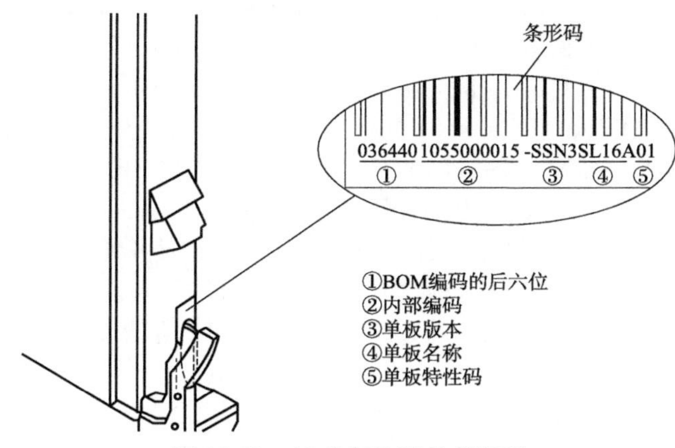

图 11-18　16 位制造码的条形码

2)光接口板。常用的光接口板有 SL1(1 路 STM-1 光接口板)、SLQ1(4 路 STM-1 光接口板)、SL4(1 路 STM-4 光接口板)、SLQ4(4 路 STM-4 光接口板)、SL16(1 路 STM-16 光接口板)、SLQ16(4 路 STM-16 光接口板)等多种类型，可用在 OptiX OSN 系列设备上实现 STM-N 光信号的接收和发送。通过该单板，SLQ1 将接收到的光信号经 O/E 转换后送往交叉侧，同时交叉侧的电信号经 E/O 转换后发送出去。

图 11-19 为常见的光接口板的面板示意图。

可插入槽位：光接口板可插入的槽位及光接口板的光口数量与传输设备所设计要求的交叉容量有关，不同的交叉容量对应不同的槽位及光接口数量。在一般项目(非集成性工程)施工过程中，光接口板的插入一般由设备集成商售后技术人员负责实施，施工单位负责光通道的跳接施工。

例如，OSN580 的 SLQ16 单板的可插放槽位如下：

图 11-19　光接口板面板示意图

①交叉容量为 40 Gbit/s 时：N1SLQ16/N2SLQ16 不可以插在设备子架上；N4SLQ16 可以插在 slot 8 和 slot 11 上，每块单板可配置 4 个光口。

②交叉容量为 80 Gbit/s 时：N1SLQ16/N2SLQ16 不可以插在设备子架上；N4SLQ16 可以插在 slot 7、slot 8、slot 11、slot 12，每块单板可配置 4 个光口。

③交叉容量为 120 Gbit/s 时：插在 slot 1～slot 3、slot 16，每块单板可配置 2 个光口；插在 slot 4～slot 8、slot 11～slot 15，每块单板可配置 4 个光口。

④交叉容量为 200 Gbit/s 时：插在 slot 1～slot 4、slot 15、slot 16，每块单板可配置 2 个光口；插在 slot 5～slot 8、slot 11～slot 14，每块单板可配置 4 个光口。

3)业务接口板。传输设备常用的接口板包括 FE(E)、FE(O)、2 M 支路板(接口板)等几种，下面以 OSN580 为例介绍这些板件。

①FE 板。FE(E)以太网接口板(电口)：该板件由业务处理板和业务接口板构成，业务处理板插在机框的下排，板件具体位置与传输设备配置及接口板对应位置有关。该板件具有两层交换机功能，多用于 FE 接口的汇集、转接。FE(E)以太网接口板所使用的线缆一般为 UTP-5 或者 UTP-6 双绞线电缆。

FE(O)以太网接口板(光口)：功能与 FE(E)基本相似，该接口板使用的线缆为尾纤。

常见的 FE 板有 EFT8(8 路或 16 路 FE 以太网透明传输板)、EGT2(2 路 GE 以太网透明传输板)、EFS0(8 路 FE 以太网交换处理板)、EGS2(2 路 GE 以太网交换处理板)、EFF8(8 路 100 M 以太网光接口出线板)、ETS8(8 路 10 M/100 M 以太网双绞线转接倒换板)等多种。

可插入槽位：FE 板可插入的槽位及 FE 板的端口数量与传输设备所设计要求的交叉容量有关，不同的交叉容量对应不同的槽位及端口数量。在一般的项目(非集成性工程)施工过程中，FE 板的插入一般由设备集成商售后技术人员负责实施，施工单位负责网线跳接施工。

例如：OSN3500 的 EGT2 单板可以插在子架的 slot 1～slot 8、slot 11～slot 16。

40 Gbit/s 交叉容量：N1EGT2/N2EGT2 可以插在子架的 slot 1～slot 5、slot 14～slot16(带宽 622 Mbit/s)，slot 6～slot 8、slot 11～slot 13(带宽 2.5 Gbit/s)。

80 Gbit/s 交叉容量：N1EGT2/N2EGT2 可以插在子架的 slot 1～slot 4、slot

15、slot16(带宽 1.25 Gbit/s),slot 5～slot 8、slot 11～slot 14(带宽 2.5 Gbit/s)。

120 Gbit/s 交叉容量:N1EGT2 可以插在子架的 slot 1～slot 3、slot 16(带宽 1.25 Gbit/s),slot 4～slot 8、slot 11～slot 15(带宽 2.5 Gbit/s);N2EGT2 可以插在子架的 slot 1～slot 8、slot 11～slot 16(带宽 2.5 Gbit/s)。

200 Gbit/s 交叉容量:N1EGT2 可以插在子架的 slot 1～slot 4、slot 15、slot 16(带宽 1.25 Gbit/s),slot5～ slot8、slot11～slot14(带宽 2.5 Gbit/s);N2EGT2 可以插在子架的 slot 1～slot 8、slot 11～slot 16(带宽 2.5 Gbit/s)

面板图如图 11-20 所示。

图 11-20　业务接口板面板

所使用线缆:FE(E)一般使用超五类或者六类屏蔽网线;FE(O)一般采用尾纤,具体尾纤型号及规格与各光口的型号对应。

②2 M 支路板。2 M 支路板包括业务处理板和接口板,二者在 OSN580 传输设备中需配套使用。其中,业务处理板(如 PQ1 板)一般采用 $N+1$ 的保护模式。接口板 D12B(32 路 E1/T1 电接口出线板)属于 PDH 接口板,应用在传输设备上为业务处理板(如 PQ1)提供信号输入和输出接口,接口板必须与处理板配套使用,完成信号的接入和处理。

常见的 2 M 电缆多为 75 Ω 8×E1 电缆。

75 Ω E1 电缆用于输入输出 E1 信号。电缆一端使用 DB44 连接器,连接 75 Ω E1 电接口出线板 D75S,另一端连接 DDF(Digital Distribution Frame),连接器需要根据现场情况制作。每根电缆可传送 8 路 E1 信号。

4)电源接口板。传输电源板(PIU)位于接线框的左下角 2 个槽位(17、18 槽位),采用 1+1 热备。通过专用电源线缆与传输设备的电源模块进行连接,以实现电源模块对其供电。

在安装过程中注意切勿将铜屑掉入机框、电源模块,给设备加电造成隐患;注意设备电源线的极性,切勿接错;注意电源模块的端口,切勿接错端口,烧毁模块。

(3)线缆成端测试

1)2 M 线测试。2 M 线测试一般首先使用网管观察判断方法。在 DDF 子架上将所有的 2 M 线环回(硬环回),在网管上将所有的 2 M 开通业务,然后在 DDF 子架上将 2 M 插销逐个断开(拔掉插销),在网管上观测告警信息。此测试方法可判别 2 M 线缆成端是否存在交叉、混线,2 M 头成端质量判别等。

可采用二极管判断 2 M 线收发。用二极管的两个针脚分别接 2 M 芯线屏蔽层、内导体,如果二极管发亮则为发送端,不发光则为信号收端。

外观观察，并用万用表判断 2 M 线的成端质量是否存在焊接时短路、内导体扭断等故障。

2)网线测试。可采用网线测试仪对网线成端质量及线序进行判别。

3)光通道测试。用 OTDR(光时域反射计)或者光功率计和光源(成对使用)可对线路质量进行测试，检查中继段的线路衰耗；在末端使用尾纤跳接环回，可判别光缆纤芯顺序是否正确。

使用光功率计可测试端对端传输设备所发送光信号抵达测试点的收光功率，根据收光功率可判别是否需要增设光衰耗器或者是否满足传输设备接受门限。

使用通光笔可判别光缆纤芯顺序是否成端正确。

6. 传输设备单机调试

传输设备通电前检查包括设备电源布线的核对及设备布线、板件状态等检查。

(1)布线系统检查

按施工图检查室内配线并在通路中有关插塞或接头做插断试验，检查布线是否正确，有无错配、漏配。机架上的布线无断线或活头。机架安装位置和安装强度符合设计要求，子架安装位置及单元电路板插入位置正确，无松动现象；机架内无遗留的焊锡渣、短线头等杂物。

(2)对电源线和各种配线检查

根据设计图纸及设备说明书检查设备电源交、直流是否正确，电压是否正确。检查设备电源端子极性接线是否正确。熔丝是否符合设备规定，安装牢固，接触良好。将所有大小熔断器断开，检查电源线对地绝缘不应低于 1 MΩ。直流电压降符合设计要求。将已敷设完的全部电缆和跳线进行一次全面对线，检查有无错线、断线及混线等现象。

(3)光路检查

在传输设备加电调测前需对光路质量进行检验，并根据组网进行跳纤。

光路测试一般采用通光笔核对芯线接续顺序是否有误，有无交叉现象；用 OTDR、光功率计等仪器仪表测试光路衰耗质量；部分传输设备对光路要求较高，需要求测试光路的色散指标。

根据线路衰耗及光功率测试情况，需对光口增加光衰避免光功率过高告警，也避免烧毁光器件；对于线路衰耗过大，则需对线路情况进行分析，排除线路故障。

(4)时钟源检查

检查传输系统设备的时钟信号线缆是否已成端。一般多在新建线路接入既有传输核心机房的时候，需提取既有网络时钟，保持时钟同步。

(5)注意事项

1)所有设备安装均按施工规范、设计图纸及厂家安装手册进行。

2)电源线、接地线必须采用整段材料，中间不得有接头。

3)配线时信号线和电源线分开布放,以免相互影响,产生干扰。

4)插拔电路板接插件时不得带电插拔,必须戴上防静电护腕,以免损坏电路板。

5)人眼不得直接观察光口。在光纤配线架选型时,其光纤收容盘适配器呈斜角卡式安装,这样有利于保证光纤的弯曲半径和避免强光灼伤人眼。

6)对施工作业人员进行交底、技术培训。人员培训合格后,持证上岗。

7)网管室计算机桌安放位置、方向应符合设计规定。应保证桌面水平,附件安装完整。台内接插件和设备接触可靠,内部接线符合设计及安装手册规定。台面整洁,无划痕。

11.2　程控交换机设备安装

程控交换机按照核心网设备的组网模式及功能可分为:用户级部分(端局)、数字交换网络部分(模块局)、出入中继部分(汇接局)和附属设备部分。在大型交换系统中,各个部分均由独立的机架组成,在小型局所,一般用户级部分采用独立的机架,其他部分可以合到一个或两个机架上。

西安地铁的程控交换机采用哈里斯交换机,公网专网合一,主要用于语音通信。地铁各站点属于用户级,与 OCC 交换机通过局间信令通信,OCC 程控交换机具备汇聚、出局功能。

11.2.1　机架及子架安装

与传输系统机架及设备子架安装一致。设备安装成品如图 11-21 所示。

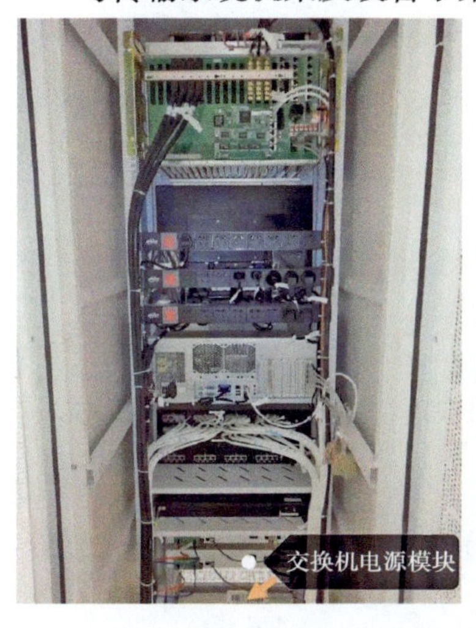

设备正面

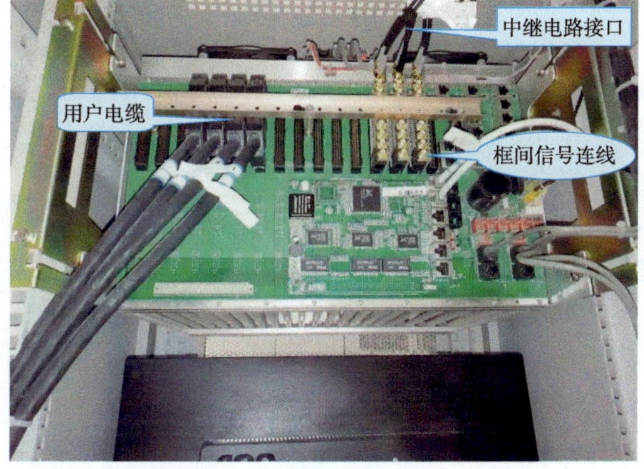

设备背面

图 11-21　交换机安装

11.2.2 设备线缆敷设

程控交换机设备敷设线缆一般包括电源线、中继电缆、用户电缆、网线等。

1. 电源线敷设

程控交换机电源线敷设方法与传输设备类似,此处不做赘述。

注意事项:程控交换机所需电源为直流－48 V,一般在机架底部安装有交换机电源模块,用作整流、稳压、浪涌保护、通断电路等功能的用途。设备底部的电源模块至各机架(子框)用设备自带线缆敷设连通。

注意机架、门、侧门、各子框的设备接地(保护地),避免静电伤人或设备。

2. 中继电缆敷设

程控交换机在中继电路板的槽位所对应的母板(后背板电路)设置有中继电路板接口,并设有可拆卸式转换模块。

由于各站程控交换机所需中继电路较少,一般为 2 个 E1 接口,所以在 DDF 架侧一般采用直接跳接至传输规划端口即可;在 OCC 控制中心程控交换机汇接各端局时,为了便于系统组网,程控交换机的中继电缆在 DDF 架成端,并用 2 M 跳线跳接至各个传输接口。

3. 用户电缆敷设

程控交换机用户电缆一端为成品,卡在用户板槽位所对应的母板(后背板电路)设置的用户电缆槽位中;另一端成端在综合配线柜的 VDF 或者综合配线架内线侧。各终端用户(外线电缆)通过跳线与程控交换机用户电缆连通。

程控交换机用户电缆在 VDF 成端一般采用模块卡接式,如图 11-22 所示。

4. 其他线缆

柜内的框间信号连线(HW 线)一般由设备厂家技术调试人员跳接。其余监控线缆(网线)成端方法同网线成端。

图 11-22 综合配线柜 VDF 成端效果(左侧为设备侧用户电缆成端,右侧为外线电缆引入成端,加装防雷单元)

11.2.3 设备加电调试

程控交换机设备加电调试除了前面传输设备单机调试所介绍的各种检查外,还需做好如下工作:

(1)了解核心网系统组网,明确本节点与汇接局之间的组网关系及组网信令方式,需要电路的数量、信令数量、所占用时隙、信令点、编号方案、号码权限等。

(2)电路跳接:根据设计规划或者运营单位对交换机的网络规划,向传输系统提交电路需求计划,由传输系统下发电路,程控交换机与传输系统设备对接数字中继 2 M;注意 2 M 对接在汇接局需注意 2 M 通道的顺序,需一一对应,不可交叉、混线。电路对接可使用 2 M 表进行通道调试对接。

(3)拨测试验:由运营单位组织,厂家调试人员主要负责进行实施该项功能试验,检验交换机设备的数据是否正确、电路是否有闭塞现象。

第 12 章　地铁综合监控系统设备安装工艺

12.1　工程概况

12.1.1　系统说明

综合监控系统(简称 ISCS)的主要监控对象是与行车和行车指挥、防灾和安全、乘客服务等相关的内容。为了满足两级制监控和调度指挥的需求,综合监控系统采用两级管理三级控制的分层分布式结构。两级管理分别是中央级管理和车站级管理,三级控制分别是中央级控制、车站级控制和现场级控制。一方面,通过综合监控系统,可实现对电力设备、火灾报警信息及车站环控设备、区间环控设备、环境参数、屏蔽门设备、防淹门设备、电扶梯设备、照明设备、门禁设备、自动售检票设备、广播和闭路电视设备、乘客信息显示系统的播出信息和时钟信息等进行实时集中监视和控制的基本功能;另一方面,通过综合监控系统,还可实现在晚间非运营情况下、日间正常运营情况下、紧急突发情况下和重要设备故障情况下各相关系统设备之间协调互动等高级功能。

综合监控系统由控制中心的中央级综合监控系统、车站级综合监控系统、车辆段综合监控系统等多个部分组成。通过全线通信传输网络把车站、车辆段与中央各级综合监控系统连接到一起,从而形成一个有机的整体。

其目的主要是为了实现地铁信息互通、资源共享,提升自动化水平,提高地铁的安全性、可靠性和响应性的目的。

12.1.2　设备构成

综合监控系统设备包括服务器、交换机、工作站、UPS(不间断电源系统)、IBP 盘(综合后备操作盘)、FEP(前端处理器)和 OPS 系统(OCC 控制大厅大屏幕系统)。其中,前端处理器(FEP)负责将各子系统接入综合监控系统,主要完成数据传送和协议转换功能。

12.2　工艺流程及操作要点

12.2.1　施工工艺流程

西安地铁综合监控系统施工安装工艺流程：施工准备→设备底座及线槽安装→机柜组立、子架安装→线缆敷设及设备配线→设备调试。

12.2.2　施工操作要点

1. 施工准备

熟悉图纸，结合现场核对材料数量与实际工程量，必要时与设计沟通，提前做好变更。在放线、设备安装之前，检查并依据现场实际情况，完成放线清册、标签；结合首站样板示范，严格落实放线与设备安装的技术交底。主要设备到货时，结合厂家与监理方完成设备报验工作。

设备安装条件：机房的土建工程已竣工，地面平整干燥，门窗安装齐全，墙壁粉刷完毕；照明、外电源引入、通风应具备施工条件；预留孔洞、走线槽、架、静电地板铺设、预埋穿线钢管、预埋吊挂螺栓的位置应符合设计规定；预留洞孔框架安装完毕、平直整齐；地槽盖板平整、油漆均匀；预埋钢管口径合适、管口光滑、弯曲半径符合设计规定，管内干燥无积水；走线架牢固平直。

2. 设备底座及线槽安装

根据设计图纸及现场调查情况，对综合监控机房设备底座、线槽规划和设计，并实施设备底座、线槽安装工作。

3. 机柜组立及子架安装

机柜组立：按照施工平面设计图纸，确定机柜安装位置，将设备和机柜移到设备底座上，对各机柜统一调平，最后进行固定安装。

车控室的 IBP 盘 4 个底座制作完毕运至现场不要固定，待 IBP 盘设备组装、调整好（由厂家实施组装）后确定摆放位置再固定。

图 12-1 为车控室 IBP 盘，是由四个独立的柜子拼装而成的，而且每个柜子间都有一个 15°的倾角，安装时不易控制，所以在固定柜子之前须待厂家完成 IBP 盘联体工作，再进行固定。

子架设备（服务器、工作站）安装：该部分子架设备由集成商规划、组装。

4. 线缆敷设及设备配线

（1）电源线缆

1）UPS 内部回路电源。

图 12-1 车控室 IBP 盘

低压配电箱、ISCS 配电盘(恒压输出给配电盘)、电池柜,这三路线缆型号均为 $5\times16\ mm^2$。

2)ISCS 配电盘输出(所有线缆为 $3\times4\ mm^2$)。

①核心部分供电:分主备给网络柜、服务器柜供电(总计四根 $3\times4\ mm^2$ 电源线),见表 12-1。

②综合监控外设部分供电:综合监控各机柜和车控室 IBP 盘均从综合监控配电柜取电,电源线根据空开标签指定位置成端。

表 12-1 核心部分供电

<table>
<tr><th>UPS 系统</th><th>经由</th><th>设备所属位置</th><th>供电位置</th><th>线缆长度</th><th>打印版标签</th></tr>
<tr><td rowspan="10">普通车站综合监控室 UPS</td><td rowspan="10">经综合监控设备房 ISCS 配电盘给各个设备供电</td><td rowspan="4">综合监控室</td><td>服务器柜-主</td><td></td><td>服务器柜-主</td></tr>
<tr><td>服务器柜-从</td><td></td><td>服务器柜-从</td></tr>
<tr><td>网络柜-主</td><td></td><td>网络柜-主</td></tr>
<tr><td>网络柜-从</td><td></td><td>网络柜-从</td></tr>
<tr><td rowspan="6">车控室</td><td>IBP-1</td><td></td><td>IBP-1</td></tr>
<tr><td>IBP-2</td><td></td><td>IBP-2</td></tr>
<tr><td>IBP-3</td><td></td><td>IBP-3</td></tr>
<tr><td>IBP-4</td><td></td><td>IBP-4</td></tr>
<tr><td>FAS 工作站</td><td></td><td>FAS 工作站</td></tr>
<tr><td>打印台</td><td></td><td>打印台</td></tr>
</table>

(2)网络线缆

线缆清册见表 12-2、表 12-3。

表 12-2　线缆清册(一)

接入专业	Fr 网络配线架 X1	To 1#交换机	To 1#前置机 EEP
车站工作站 1-A	1	D1-1	
车站工作站 2-A	2	D4-1	
维护工作站-A	3	D4-4	
PSCADA-A	4	D2-1	
BAS 主端 PLC-A	5	D2-2	
BAS 从端 PLC-A	6	D2-3	
FAS FACP-A	7	D2-4	
FAS 工作站-A	8	D3-1	
PSD-A	9	D3-2	
ACS1-A	10	D3-3	
ACS2-A	11	D3-4	
ACS 考勤机	12	D5-1	
电气火灾	13	D5-2	
预留	14	D5-3	
维护打印机	15	D5-4	
CCFV-A	16		D2-1
PA-A	17		D2-2
PIS-A	18		D2-3
预留	19		D2-4
预留	20		D2-5
预留	21		D2-6
服务器柜 X1-1(服务器 1-网管)	22	D1-4	
服务器柜 X1-2(服务器 1-A)	23	D1-2	
服务器柜 X1-14(服务器 2-A)	24	D4-2	

表 12-3 线缆清册(二)

接入专业	Fr 网络配线架 X2	To 2#交换机	To 2#前置机 FEP
车站工作站 1-B	1	D1-1	
车站工作站 2-B	2	D4-1	
维护工作站-B	3	D4-4	
PSCADA-B	4	D2-1	
BAS 主端 PLC-B	5	D2-2	
BAS 从端 PLC-B	6	D2-3	
FAS FACP-B	7	D2-4	
FAS 工作站-B	8	D3-1	
PSD-B	9	D3-2	
ACS1-B	10	D3-3	
ACS2-B	11	D3-4	
预留	12	D5-1	
预留	13	D5-2	
预留	14	D5-3	
预留	15	D5-4	
CCTV-B	16		D2-1
PA-B	17		D2-2
PIS-B	18		D2-3
预留	19		D2-4
预留	20		D2-5
预留	21		D2-6
服务器柜 X1-13(服务器 2-网管)	22	D1-4	
服务器柜 X1-3(服务器 1-B)	23	D1-2	
服务器柜 X1-15(服务器 2-B)	24	D4-2	

由线缆清册可知，内部系统与绝大多数外部系统均有 A、B 双网冗余接入综合监控系统，个别外部终端设备(如考勤机、打印机等)单路接入综合监控交换机。每套系统由网络配线架转接至交换机或前置机。施工工艺经过首站样板示范，规范放线顺序，数据、电源线分槽敷设，落实技术交底。

下面介绍一些具体的施工工艺图：

如图 12-2 所示，网络柜最左侧是机柜自带的接线端子排，它对应的是一种接口类型，相比 RJ45 可靠稳定，最右侧为电源模块端子排。端子排内部配线已由集成商提前完成，相应的端子均有编号标记，根据集成商提供的指导文件可以直观地看出序号与业务之间的对应关系。

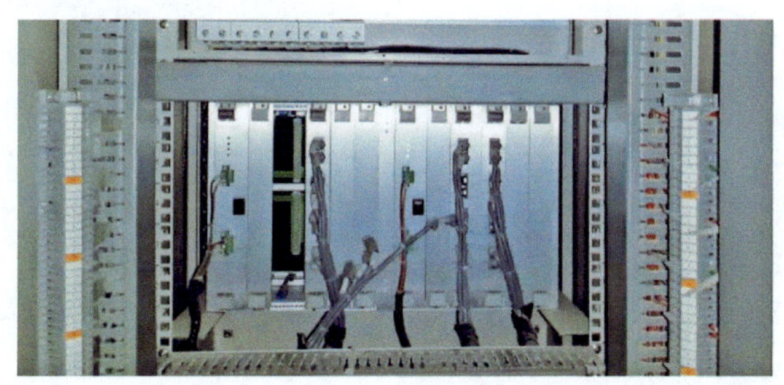

图 12-2　电源端子排

图 12-3 是车控室 IBP 盘内端子排，配有理线架，所以提前交底顺序排布即可，注意成端可靠性。

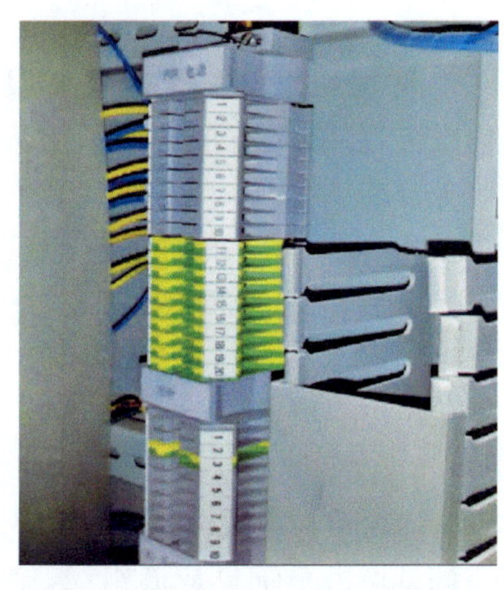

图 12-3　车控室 IBP 盘内端子排

图 12-4 是 ISCS 配电盘，设置于综合监控设备室内。它用于给综合监控设备室内柜、IBP 盘、个别终端供电。线缆成端时注意开剥、冷压处理。

图 12-5 为网络柜的内部结构，下部有两个 24 口配线架。靠上侧的配线架为配线架-1，对应网线的成端位置编号为 1～24；靠下侧的配线架为配线架-2，对应成端位置编号为 25～48。主网络架构都是通过成端于此，然后接入本站交换机或前置机的，形成单站局域网，最后通过机柜下方的光纤收容盘（连接专用与综合监控的两根光缆）跳接，使其接入传输网络，达到互联互通。

由于网络配线柜中包含各专业、各系统的接口，所以柜内的线缆成端施工不同步、工艺不统一，经常会导致整体工艺效果差。故需要技术人员提前与相关专业协商处理。

图 12-4 ISIS 配电盘

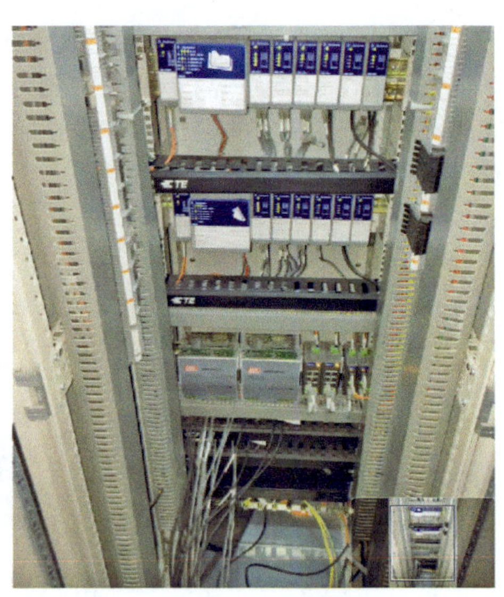

图 12-5 网络柜

图 12-6 为服务器柜，上方服务器定义为服务器 A，下方服务器为服务器 B。以服务器期 A 为例，自左向右第一根线为服务器 A 网管，第二根为通过理线架-1 接入交换机 A 的服务器 A-1，第三根为通过理线架-2 接入交换机 B 的服务器 A-2，服务器接线由集成商完成。

图 12-6 服务器柜

5. 设备调试

综合监控系统调试及各系统之间的接口调试均由系统集成商组织，施工方配合本标段内的系统接口。

12.3 保证措施

(1)每天施工前进行班前安全教育，让安全意识深入人心，施工过程时刻注意安全。

(2)定期检查用电设备、灭火器。

(3)成品设备保护要及时，悬挂成品保护标识。

(4)严格遵守施工现场安全规范,不乱拉电源线,工具放到指定位置。

12.4　环保措施

根据施工中可能对环境产生影响的因素,采取以“预防为主,防治结合,综合治理”的原则,确保做好环境保护工作。在施工过程中采取以下措施:

(1)坚持按《环境保护法》及相关法规进行施工。制订环境保护管理办法和实施细则,并建立奖惩制度,将环保的具体措施落实到人。

(2)施工现场工具材料摆放整齐。

(3)各种包装物应统一收集处理,严禁四处乱扔、乱放污染周围环境。

(4)工程完工后,将工地及周围环境清理整洁,做到工完料清,场地整洁。